复旦大学课程教学改革的实践与研究

上海高校示范性本科课堂教学案例优选

·第一辑·

蒋玉龙 ◎ 主编

本书编委会

编委会主任　陆　昉

顾　　问　　林　伟

主　　编　　蒋玉龙

编委会成员　范慧慧　李　娜　孟　媛　曾　勇
　　　　　　方　雁　姚　瑶　施珍妮

复旦大学出版社

前言
PREFACE

为深入贯彻落实党的二十大精神及习近平总书记关于教育的重要论述和党的教育方针,加快建设高水平本科教育,将上海高校本科课程建设的优质成果和资源转化为课堂教学改革动能,创设示范课堂、引航教学创新、赋能教师发展,推动实现高等教育数字化转型,上海市教育委员会(以下简称"市教委")于2022年启动了"上海高校示范性本科课堂建设"暨首届教学展示交流活动(沪教委高〔2022〕42号,以下简称"活动"),由上海市教委主办、复旦大学承办。全市30所高校积极参与,围绕首批上海高校示范性本科课堂建设和各校教师教学发展特色活动开展交流互鉴,并在全市高校范围内进行共享,有效促进了各高校之间的协作互联。

受市教委委托并在市教委全程指导下,复旦大学教师教学发展中心(以下简称"中心")组织了首批上海高校示范性本科课堂的遴选和首届教学展示交流活动的各项工作。中心作为首批国家级教师教学发展示范中心,秉承"反思、分享、转变、提高"的工作原则,积极推进教师教学能力提升和课堂教学改革,培育创新型教学模式,发展大学教学学术,促进校内教学质量的提高,并辐射全国、带动区域教师教学发展。

受市教委委托,中心研制了《示范性本科课堂教学案例的遴选参考标准》(见本书附录1),凸显创新与示范价值。在市教委指导下,该标准广泛征询多方意见进行完善,并最终达成共识。在评审专家的选择方面,以符合示范课堂核心标准的一线教师为主。最终,本着宁缺毋滥的原则,在全市30所高校选送的51门课程中,遴选出23门课程。这些课程深度践行了"以学为中心"的教学理念,体现了信息技术与高等教育教学的创新发展,具有较好的示范性和创新性。2023年3月,市教委发布了首批"上海高校示范性本科课堂"名单(沪教委高〔2023〕10号)。

名单发布后,上海各高校围绕示范课堂和教师教学发展特色开展了丰富多彩的线上线下分享活动,并吸引了全国各地教师的参与。据不完全统计,上海高校累计举办了23场示范课堂展示及教学经验分享活动,60余场教师教学发展特色活动,约有44 000余人次参与,充分展示了上海高校本科课堂建设及教师教学发展的阶段性成果。

为了总结经验、表彰优秀,上海高校首届教学展示交流活动总结会于2023年5月26日在承办高校复旦大学举行。会上,教育部高等教育司和市教委相关领导讲话,鼓励上海高等教育在原有基础之上,更加聚焦课程建设、建强基层教学组织,并不断深化改革创新。同时,在示范课堂建设目标的引领下,各高校应继续开展区域联合,促进优质资源的开放共享,不断探索高等教育高质量发展的新路径,为建设教育强国进行新探索、创造新经验。

在总结会中,复旦大学教师教学发展中心对入选首批"上海高校示范性本科课堂"的课程负责人和课程所在高校本科教学主管部门相关领导进行了采访,收集了这些课程的创新点、教师参加示范课堂相关活动的感受,以及所在高校本科优质课程培育和教师教学发展的举措。

上海高校首届教学展示交流活动总结会活动现场、会议宣传片及相关花絮等材料,详见本书附录2。

每门课程按照所在高校分为学校交流、教师访谈及教学设计两个部分,逐一完整呈现。我们相信这些优选的资料,将有助于相关高校和教师系统学习示范课堂课程的有益经验和措施,并在此基础上更上一层楼。

目录 CONTENTS

前言

复旦大学
学校交流 ………………………………… 复旦大学教务处处长　林　伟　001
会议发言及教学设计
　"半导体器件原理" …………………………………………… 蒋玉龙　003
教师访谈及教学设计
　"高等代数" …………………………………………………… 谢启鸿　016

上海交通大学
学校交流 ………………………… 上海交通大学教学发展中心主任　王丽伟　022
教师访谈及教学设计
　"设计与制造Ⅰ" ……………………………………………… 蒋　丹　024
　"材料物理" …………………………………………………… 杭　弢　031

同济大学
学校交流 ………………………………………… 同济大学本科生院　039
教师访谈及教学设计
　"交通管理与控制" …………………………………………… 吴　兵　041

华东师范大学
学校交流 ……………………… 华东师范大学教务处副处长（时任）　谭红岩　047
教师访谈及教学设计
　"光学" ……………………………………………………… 管曙光　049
　"人文地理学" ………………………………………………… 孔　翔　053

华东理工大学
学校交流 …………………………… 华东理工大学教务处副处长　万永菁　062
教师访谈及教学设计
　"化工原理" …………………………………………………… 吴艳阳　064
　"建筑初步" …………………………………………………… 尹　舜　072

上海海关学院
学校交流 …………………………………… 上海海关学院副校长　岳　龙　077

教师访谈及教学设计
　　"海关税收制度" ………………………………………………… 钟昌元　079

上海大学
学校交流 ………………………… 上海大学教师教学发展中心主任　辛明军　083
教师访谈及教学设计
　　"线性代数" ……………………………………………………… 王卿文　084
　　"金融系统工程" ………………………………………………… 周　建　095

上海海事大学
学校交流 ……………………………………… 上海海事大学教务处处长　黄顺泉　099
教师访谈及教学设计
　　"自动化仪表与过程控制" ……………………………………… 张　琴　101

上海师范大学
学校交流 …………………………………… 上海师范大学教务处副处长　王　龚　109
教师访谈及教学设计
　　"统计学" ………………………………………………………… 傅　毅　111

上海音乐学院
学校交流 ……………………………………… 上海音乐学院教务处处长　谢苗苗　119
教师访谈及教学设计
　　"民族室内乐" …………………………………………………… 吴　强　121

上海戏剧学院
学校交流 ………………………… 上海戏剧学院教务处处长、研究生部主任　沈　亮　127
会议发言及教学设计
　　"语言技巧训练" ………………………………………………… 王　苏　129

上海对外经贸大学
学校交流 ………………………………… 上海对外经贸大学教务处副处长　李医群　132
教师访谈及教学设计
　　"网络贸易实战" ………………………………………………… 程　洁　134
　　"国际贸易实务" ………………………………………………… 沈克华　139

上海政法学院
学校交流 ·················· 上海政法学院教师教学能力发展中心主任　李　起　145
教师访谈及教学设计
　"人力资源管理" ·· 王慧博　147

上海第二工业大学
学校交流 ······················ 上海第二工业大学教务处副处长　夏妍春　154
教师访谈及教学设计
　"电子商务系统分析与设计方法" ······································ 潘海兰　156

上海视觉艺术学院
学校交流 ······················ 上海视觉艺术学院教务处副处长　陈月浩　165
教师访谈及教学设计
　"综合室内设计（二）" ·· 王红江　167

上海师范大学天华学院
学校交流 ············ 上海师范大学天华学院教务处常务副处长　徐　振　173
教师访谈及教学设计
　"早期阅读与指导" ·· 滕　薇　175

上海公安学院
学校交流 ················ 上海公安学院教务处师资发展科科长　徐　杰　178
教师访谈及教学设计
　"视频侦查技术" ·· 黄圣琦　180

附录
附录1　示范性本科课堂教学案例的遴选参考标准（2022） ············ 186
附录2　上海高校首届教学展示交流活动总结会相关材料 ············· 187

复旦大学

学校交流

访谈嘉宾　复旦大学教务处处长　　林　伟*

问题1　学校人才培养和课程培育的举措

复旦大学高度重视本科教育教学改革，以"为党育人、为国育才"为使命，立足于中国国情和复旦特色，不断进行有益的尝试和探索。

在拔尖创新人才培养方面，学校近年来推行以下举措：2017年发布"复旦大学2020一流本科教育提升行动计划"。2018年至今不断推动"2+X"人才培养体系改革，在全校范围内推广实施本科荣誉项目，采用闯关模式和综合评价，激励学生挑战自我。2023年启动"强国之路"思政大课建设计划，汇聚以两院院士为代表的顶尖师资，引导学生在学思践悟中坚定理想信念。2024年，成立集成电路与微纳电子、计算与智能、生物医药工程与技术、智能机器人与先进技术四大创新学院，并以此为基础，建设人才培养特区（相辉学堂），构建大理科、大文科、大工科的拔尖创新人才培养新体系，为学校人才培养的系统性改革奠定坚实基础。

在课程建设方面，学校紧密结合教育部一流本科课程建设"双万计划"，以荣誉课程、通识教育核心课程、"复旦行知·服务学习"课程、线上线下混合式课程等课程建设为抓手，以复旦优质课程建设为引导，积极推动教学方法改革，进一步提高课程教学质量，着力打造一批具有高阶性、创新性和挑战度的一流本科课程。

问题2　学校提升教师教学能力的举措

学校设置教师教学发展中心，该中心于2012年被评为国家级示范中心，持续帮助教师提升课程教学设计质量和教学实践能力，培育研究型、创新型教学模式。具体包括：

一是探索构建校院两级教师教学发展体系。目前已设立9个院系教师教学发展分中心，将教师教学发展作为院系常态化工作，结合学科特点，面向校内外教师，举办各类教学能力发展活动。

二是设置贴合教师需求的教学研修项目。每学期组织开展校内新进教师、骨干教师教学发展研修班，逐渐形成"以学为中心的创新课程设计"和"FD-QM高等教育混合在线课程质量标准"等特色研修项目，参与研修的教师获得感强。针对教学评价反映出教学效果需要

---

* 此次访谈录制于2024年3月。

提升的教师,打造"教—评—改"闭环,邀请国家级教学名师等高年资教师为他们提供教学诊断和提升指导,帮助教师及时改进教学。

　　三是采用"教师研修＋教改研究"的联动机制。以研修学习带动教改行动,促使教改解决教学真问题,从而转变课堂教与学;根据教育教学发展趋势调整教改项目,2024年在往年综合教改、线下单门课程教改、混合式课程教改、特色在线课程建设、数字化教材建设的基础上,增加了人工智能教学应用等特别培育教改项目。

　　四是重视区域教师教学发展合作。自2012年起,每年主办全国性"创新教与学"研讨会,引导教师关注教学创新;2018年牵头成立全国FD-QM高等教育在线课程质量标准联盟,为混合式教学质量保障提供了有力支撑;2023年牵头成立上海高校教师教学发展联盟,并担任首任理事长单位。另外,主动响应国家"一带一路"倡议,在疫情期间为澜湄五国高校骨干教师举办混合式教学线上培训,开启了教师教学发展的国际辐射模式。

请扫码观看
林伟的访谈

会议发言及教学设计

发 言 人 复旦大学 蒋玉龙

发言内容 以人本理念为引领、数字技术为支撑的本科教学创新实践

我的发言题目是"以人本理念为引领、数字技术为支撑的本科教学创新实践"。我想从示范课堂建设的动机来讲,即教和学的辩证关系,到底是教重要还是学重要?通过示范课堂这一轮的建设和思考,我感觉确实要落实到学。所以,作为经典之问,光有教是远远不够的,一定要强调学。除此之外,我自己也想过另外一个问题。我是理工科教师,为什么我作为老师在上课前要很辛苦地备课,把课程内容捋顺,但发现我的学生却可以什么都不做就能来上课?这是在常规教学中我挥之不去的一个疑问。带着这样的疑问,我对自己的课程进行了再次思考。

我教的是一门理工科原理性的课程,原来是讲述式教学,我发现前面的这些问题都有。所以,我想营造一种新的教学情境,让学生课前花一点功夫,知道要上什么内容、自己什么地方不会。然后,在上课时学生不能光坐在那儿,他应该更多地来讲讲。这个课堂的教学活动应该更多地是一种互动,有大家经过辩论得到真知的过程。这样的做法一定能够提高教和学的效率,因为课堂中不光有教,还有学,学生要付出,教和学乘起来的效率才会高。学生锻炼得多了,当然能力就很强。所以,作为一种示范性课堂,我提供了一种自己尝试的新方案,称之为"超级幻灯原位翻转课堂"教学。

这个教学逻辑的基本要义,是因为我发现在常规的一般性教学中,一位普通教师在教学过程中是最高效的学习者。从心理学上讲,学习是大脑精致的心理复述活动,且要进行很多次,这是一种有效或高效的学习。在常规教学中,无论教师备课、写讲义,还是到课堂里把讲义讲出来,其实绝大部分时间中教师自己大脑精致的心理复述活动非常多,而学生往往只在最后环节有一个形式上的参与,往往这样他参与的深度就不够。所以,如果倒过来,让学生通过一定的技术手段重复教师这个有效的学习过程,对改进学习效率、提升学生对教学的实际参与将会有极大的帮助。

于是,我就提出了下面的这种方式:通过数字技术把课程变成有效的数字资源,同时教学设计上设定了一定的教学目标,让学生先学习,然后汇总出他学习的结果,写成幻灯片后到课堂上分享,他等于做了一遍"小老师"。这样,无论学生是提前学还是上课去讲,都是比较深度的参与。当然在这个过程中,学生不能简单地去看书,所以,我们使用了比较好的数字资源技术,把老师讲课的内容包括一些电子化的资源,很方便地转化成高效的数字资源,这个是能实现的。

我们按照这个逻辑开始进行线上线下混合式教学的设计。从结构图上可以很清晰地看到,线上部分老师要掌握一定的信息技术,能制作数字资源,能熟练使用网课平台,包括学务管理系统等数字技术。在互动层面,我们在课堂上以幻灯片为主体,让学生不但能学,还要能写、能讲、能讨论,而讨论的载体就是学生学习的线上资源,即教师布置的教学任务之后学生自学输出的作业。这样一来,就能让任务非常明确,实现学生在课前、课中、课后都能够较为深度地参与课堂的教学。作为整体教学对应的课堂过程,是这样的逻辑:我们在课前给学生充分的准备,有充分的线上资源、明确的任务设定,然后给学生非常充分的学习时间,包括学习要求、评价规则等;到了课堂上,基本上就能营造出全部都是互动的教学了。可以看到,高效的数字资源建设和课务管理,以及大量的数字化软件系统都能够实现相关功能,而且我的课确实已经做到了。

同时,我们还有非常明确的教学设计。对学生课前要学什么、课上要讨论什么,我有非常明确的教师教学设计方面的文件。课前,学生提交包含了讲解声音和动作的演示性文件,文件不是静态而是动态的。打开文件,教师就非常清晰地知道学生要表达什么,因为文件很明确、直观地反映了学生的学习效果。到了课堂上,因为学生有了前置性准备,有非常明确的任务了解,他们先考试,考完试选择出值得讨论的内容后,就开始进行课堂互动。在疫情期间,如果在网络上用这样的模式讨论,也是能完美地完成教学的,也就是通过屏幕共享就能解决问题。这完全实现了我前面想说的"课前学生能学,课上学生能讲",而且课堂本身几乎全部是互动。由于有数字资源的支撑,我可以很清晰地看到,学生比较积极地进行学习,每天访问网络资源3~4次。

通过数据分析也可以看到,学生的学习效率非常高。比如,在我这门课,连续几年,学生平均观看网络视频不到两遍就可以完成学习,效率非常高。同时,作为一个典型的理工科原理型课程,卷面考试是不可回避的。我可以看到,无论是期中还是期末,和平行班对比,应用这种教学模式的学生,成绩底部可以更高,平均分也比较高,而且还能够突出那些特别好的学生。从这个维度上讲,无论是主观还是客观,这都是非常积极的一个反馈。同时,在整个学习过程中,学生要大量撰写所学知识的输出成果,要写幻灯片并讲出来,还要在课堂里像本科毕业论文答辩一样,就其中一个议题展开集中答辩,学生既动口又动手。

从2014年至今,我们这门课一直都在这样有效地推进,而且这样的教学活力,使我在疫情期间也实现了吴岩副部长所讲的实质等效的教学。数据表明,对比2019年春季和2020年春季两个学期,一个是师生在学校,一个是学生和教师都在家,两个班人数分别是28人和29人,但发现他们的学习规律几乎一样。所以,数据表明这一教学方式活力极强,确实可以支撑实质等效。同时,对于数据维度,我们现在已经可以有一定的个性化分析,为学生的学习进行一定的画像。今天早上我得到了最新的智能化课堂分析的数据,以后有机会希望能和大家分享。

最后做一个总结,我们这个课堂教学的示范潜值是非常大的。高校大量的原理型讲授式的课程,如果用这个方式翻转过来,都是比较适用的。我们的理念比较好地实现了教师主导、学生主体的融合式的教学理念。同时,有大量数字技术的支撑,就目前来看的效果,八九年的实践都是比较理想的。关于教学活力,通过疫情的检验,见到学生和不见到学生本人同样有效。所以,回到我分享的主题,这是以立学、促学、一切以学生为中心的理念落地得比较好的一种全新的课堂教学。我们大量地应用了数字技术的支撑,无论从资源互动、分析管理等,都已经全面地实现了数字化。通过数字资源的网络课程,教师教学设计方面的原位翻转课堂式的教学,以及在学生层面费曼式学习的实际落地,我们有机地结合、实现了这种有相当推广价值的、示范性的本科教学的创新,并且取得了一定的效果。

这就是我对示范课堂的简单分享,希望对大家有一点帮助,有不对的地方也请多指教!

请扫码观看
蒋玉龙在上海高校
首届教学展示交流
活动总结会上的
发言

"半导体器件原理" 课堂教学设计表*

教师姓名	蒋玉龙	院系	微电子学院
课程名称	半导体器件原理	课程性质	专业必修
学分	4	班级规模	30
节选课堂章节题目与简要内容	第二章 双极型晶体管 主题 直流特性 主要内容 ①电流放大原理,②直流特性		
教学目标	1. 阐述晶体管发明的启示,激发学生创新精神。 2. 充分锻炼学生思考、书写、表达和思辨能力,学生需要达到7个要求。 (1) 解释晶体管的基本构成。 (2) 解释晶体管的放大条件。 (3) 解释晶体管的放大原理。 (4) 推导基区和发射区的少子分布。 (5) 推导基区少子电流的表达式。 (6) 推导发射极电流的表达式。 (7) 解释理想晶体管的输入输出特性。		
教学理念、方法与策略	总体策略 "在线课程+原位翻转课堂(教师)+费曼式学习(学生)"		

---

* 本书收录的课堂教学设计基本保留上海市各高校选送时的原貌,成书时未作格式和体例统一处理。

(续表)

教学理念、方法与策略	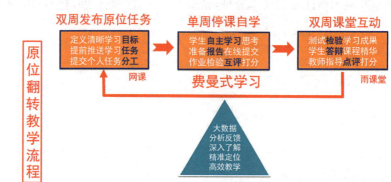 **两周一轮 任务驱动 目标明确 主动学习 高效教学** 以两周为一个翻转教学小周期,单周课时留给学生线上自主学习,双周课时见面交流讨论。按照FD-QM在线课程标准建设在线课程,课前告知学生本次翻转教学的内容、目标和要求,完成任务分工,开放相应在线课程模块;学生利用单周课时在线自主学习,教师全程给予学习支持;学生提前提交翻转任务讨论素材后,在线自评、互评;然后在相应的见面讨论课时,以翻转作业为答辩素材,有序开展学生答辩交流,师生互动和点评。本次课堂对应部分表现如下。 (1) 教师主讲:强调课程教学流程和方法,简介本次学习目标(2.5分钟)。 (2) 随堂测试和讲评:通过雨课堂开展预习效果测试与讲评互动(13.5分钟)。 (3) 课程思政:介绍晶体管发明历史,启发学生学习科研创新的规律(10分钟)。 (4) 学生主讲:执行原位翻转课堂教学,学生有序交流自己的费曼式讨论作业,教师采用雨课堂主观题推送和随机选人功能,引导小组讨论和师生互动,教师逐个总结打分(7个同学,66分钟)。
教学实施过程	具体的实施流程  实施过程大纲(含课前、课中、课后完整环节) 1. 课前:提前两周布置具有清晰学习目标描述的学习任务。 (1) 提供第6组学生的任务分工样例。 (2) 公布在线任务提交通道和评价原则。

（续表）

教学实施过程	2. 单周课时留空，学生完成本次教学任务，提交互评作业，证明学习目标的达成。 （1）公布单周留空日历安排。 （2）分析学生在线学习情况。 （3）提供学生完成的个人任务PPT作业范例。 3. 课中：课程导入，教师强化教学流程与学习方法，简介教学目标；预习效果测试、讲评；课程思政，启发创新精神；学生逐个交流个人PPT翻转作业，师生互动，教师逐个总结、打分、记录。 （1）课程导入：通过雨课堂完成签到，教师强化课程教学流程与学生学习方法，简介本次教学目标(2.5分钟)。 （2）预习效果测试与讲评：通过雨课堂，现场进行快速测试和讲评(13.5分钟)。 （3）课程思政：介绍晶体管发明的历史，启发学生学习科研创新的规律和途径(10分钟)。 （4）学生1交流汇报教学目标(1)，教师根据学生讲解过程，利用雨课堂随机选人功能进行选人讨论，教师完成学生1的打分记录(9分钟)。 （5）学生2交流汇报教学目标(2)，教师对共基极放大原理进行强调，教师完成学生2的打分记录(4分钟)。 （6）学生3交流汇报教学目标(3)，教师在学生交流完成后，利用雨课堂向学生推送单选题测试，并完成结果讲评，教师完成学生3的打分记录(7分钟)。 （7）教师通过雨课堂推送主观讨论题，发起小组讨论，完成真空三极管与双极型晶体管工作原理异同的讨论学习(4分钟)。 （8）学生4交流汇报教学目标(4)，学生交流完成后，教师利用雨课堂推送主观讨论题，引导学生对稳态扩散方程的解加深认识，教师完成学生4的打分记录(11分钟)。 （9）学生5交流汇报教学目标(5)，教师对重要知识点进行补充，教师完成学生5的打分记录(9分钟)。 （10）教师通过雨课堂推送主观讨论题，发起小组讨论，完成复合电流多重求解的讨论学习(5分钟)。 （11）学生6交流汇报教学目标(6)，教师对重要知识点进行补充，教师完成学生6的打分记录(6分钟)。 （12）学生7交流汇报教学目标(7)，教师对重要知识点进行补充，教师完成学生7的打分记录(5分钟)。 （13）教师发布课后思考题，结束课程(2分钟)。 （14）教师给出课中打分记录样例。 4. 课后：适时布置纸质作业，并公布下一轮学习任务。 本次课堂视频（课中环节）详细实施过程如下。 （1）课程导入：学生通过雨课堂完成签到，教师强化本课程教学流程与学生学习方法，简介本次教学目标(2.5分钟)。 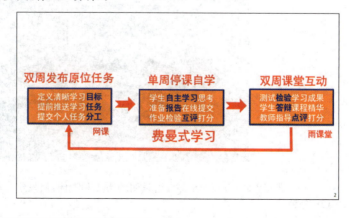

(续表)

教学实施过程	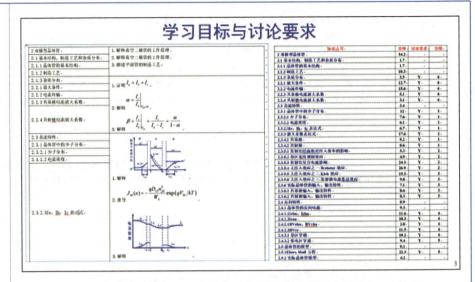 （2）预习效果测试与讲评：通过雨课堂，现场进行快速测试和讲评（13.5分钟）。   （3）课程思政：教师介绍晶体管发明的历史和趣闻，启发学生科学创新的规律和途径（10分钟）。

(续表)

| 教学实施过程 |  晶体管发明的启示

· 矿石检波器　· 点接触三极管，1947.12.23　· 正偏发射载流子扩散复合消失前被反偏回路抽取
· 二极管　　　· 两个近距金半接触　　　　· 抽取电流变化反应了正偏回路信号变化
· 金半接触　　· 一正偏，一反偏　　　　　· 反偏回路加足够大偏压
· 整流　　　　· 正偏发射，反偏抽取　　　· 反偏回路负载上实现信号放大
　持之以恒
　奇思妙想

（4）学生1交流汇报教学目标(1)，教师根据学生讲解过程，利用雨课堂随机选人功能进行选人讨论，教师完成学生1的打分记录(9分钟)。

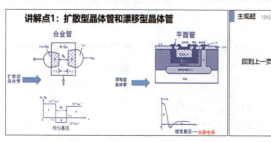

（5）学生2交流汇报教学目标(2)，教师对共基极放大原理进行强调，教师完成学生2的打分记录(4分钟)。 |

(续表)

教学实施过程	

	（6）学生3交流汇报教学目标（3），教师在学生交流完成后，利用雨课堂向学生推送单选题测试，并完成结果讲评，教师完成学生3的打分记录（7分钟）。
	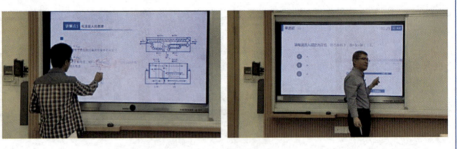
	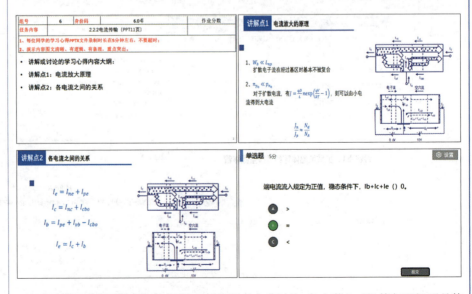
	（7）教师通过雨课堂推送主观讨论题，发起小组讨论，完成真空三极管与双极型晶体管工作原理异同的讨论学习（4分钟）。

(续表)

教学实施过程	 （8）学生 4 交流汇报教学目标（4），学生交流完成后，教师利用雨课堂推送主观讨论题，引导学生对稳态扩散方程的解加深认识，教师完成学生 4 的打分记录（11 分钟）。 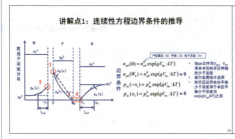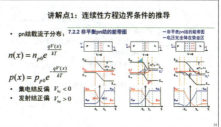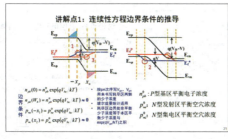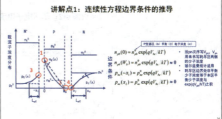

（续表）

教学实施过程	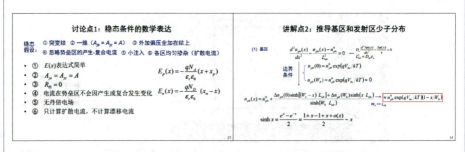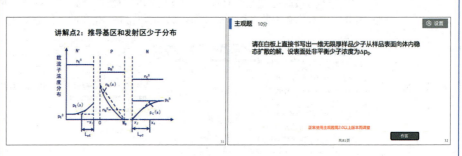（9）学生5交流汇报教学目标(5)，教师对重要知识点进行补充，教师完成学生5的打分记录（9分钟）。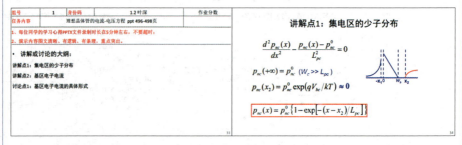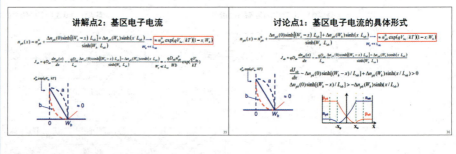

(续表)

教学实施过程	（10）教师通过雨课堂推送主观讨论题，发起小组讨论，完成复合电流多重求解的讨论学习（5分钟）。  （11）学生6交流汇报教学目标（6），教师对重要知识点进行补充，教师完成学生6的打分记录（6分钟）。  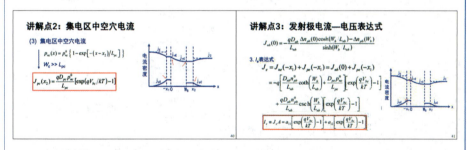 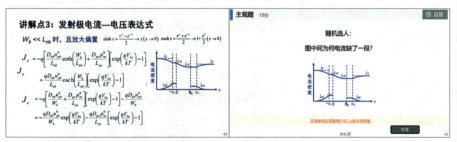 （12）学生7交流汇报教学目标（7），教师对重要知识点进行补充，教师完成学生7的打分记录（5分钟）。

(续表)

教学实施过程	(13) 教师发布课后思考题，结束课程(2分钟)。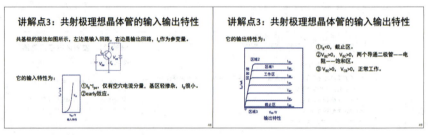(14) 教师给出课中打分记录(部分)。

(续表)

教学目标 达成度分析	针对本次课堂教学的目标,逐一对达成度进行分析如下。 教学目标 1　阐述晶体管发明的启示,激发学生创新精神。 分析:90 分钟的课堂教学,我们用了 10 分钟的时间,从点接触晶体管的发明历史说起,以叙述名人轶事的方式,无缝引入本章的学习内容。又以诺贝尔物理奖的获奖经历,强调了创新精神的培养,可以说从满足猎奇的角度让学生从具体事例中生动地体会了科研创新的本质,达到了本堂课课程思政的设计初衷。 教学目标 2　充分锻炼学生思考、书写、表达和思辨能力,学生需要达到 7 个要求。 (1) 解释晶体管的基本构成; (2) 解释晶体管的放大条件; (3) 解释晶体管的放大原理; (4) 推导基区和发射区的少子分布; (5) 推导基区少子电流的表达式; (6) 推导发射极电流的表达式; (7) 解释理想晶体管的输入输出特性。 分析:通过学生课前开展费曼式学习,完成了课堂内容和目标的有效准备后,在课中环节对重难点内容通过学生答辩的形式进行了上述 7 个教学小目标的完成度检验。实践表明,学生都能 100% 完成全部目标。
教学示范 意义反思	在不增加课时和内容的前提下,借助在线课程的原位翻转课堂教学,立足最高效的学习理论,充分应用费曼式学习法设计学生学习过程,让每次互动课堂都变成对学生学习效果的有效考核和指导,比较有效地解决了传统讲授式教学的顽疾:课前、课中、课后学生都能有效参加教学全过程;在线学习数据分析便于教师因材施教;在线课程与互动工具使学习效果反馈及时;资源复用与针对性讨论课使教、学效率提高;学生不但掌握好专业知识,而且听、说、读、写、思、辩等能力也得到全面提升。

教师访谈及教学设计

访谈嘉宾　复旦大学　谢启鸿
访谈内容　"高等代数"

问题 1　课程介绍

"高等代数"课程是复旦大学数学科学学院最重要的专业基础课之一,具有悠久的历史和优良的教学传统。"高等代数"课程开设 1 学年,每周 6 学时,讲授行列式、矩阵、线性空间、线性映射、多项式、特征值、相似标准型、二次型、内积空间和双线性型等知识点,为后续专业课程提供了必要的代数学基础。

在复旦大学教师教学发展中心和数学科学学院的大力推动下,"高等代数"课程谢启鸿教学班从 2017 年 9 月开始实施"线上线下混合式"教学改革,经过 6 年的探索与实践,取得了较好的教学效果,并荣获 2020 年首批线上线下混合式国家级一流本科课程。

问题 2　参加示范课堂活动的感受

参加这次示范课堂活动,受益良多,下面我主要谈 3 点感受。首先,示范课堂的建设与评选体现了上海市教委和复旦大学"以课堂改革小切口带动解决人才培养模式大问题"的谋略与布局,这是本科教育教学改革中的一项重要举措。其次,示范课堂的展示与交流打造了互学互鉴的教研交流平台,推动了课程建设的优质成果转化为课堂教学资源,对高等教育的数字化转型起到了积极的促进作用。最后,通过这次示范课堂活动,使我的"高等代数"课程被更多的高校及教师所了解,在此对上海市教委和复旦大学表示衷心的感谢!

问题 3　课程的创新性和示范性

课程的创新性和示范性主要包括以下 3 个方面。

首先,近 10 年来我们贯彻"以学为中心"的教学理念,构建了"高等代数"新型学习体系。这一学习体系以国家级规划教材和"高等代数"在线课程为基础,以学习方法指导书和习题课在线课程为提高,以"高等代数"博客和每周一题为进阶,既注重基础的培养,又具有高阶性、创新性和挑战度,为锻造学生扎实的代数功底、培养拔尖创新数学人才奠定了坚实的基础。

其次,我们遵循数学学科的教学规律,构建了具有数学学科特色的混合式课堂教学,即:在 2 学时的习题课环节,采用了"数学讨论班"形式的翻转课堂,让学生在做练习题后上台讲解证明过程,教师随时进行指导。这种形式的翻转课堂有效提升了学生的解题能力和表达能力,增进了师生之间的交流与互动,取得了良好的教学效果。

最后,数学学科特色的翻转课堂也具有这样的示范性效果,即:任何学科、任何课程的混

合式教学改革,都需要紧密结合学科的特色、课程的特点和学生的实际情况来进行设计与开展。也唯有做到这一点,混合式教学才能真正成为一个"可复制、可粘贴"的教学模式,切实提升课程教学质量与人才培养质量。

请扫码观看
谢启鸿的访谈

"高等代数" 课堂教学设计表

教师姓名	谢启鸿	院系	数学科学学院
课程名称	高等代数	节选课堂 章节题目	线性映射
课堂简要 内容	本节课是第四章"线性映射"的复习课。拟通过重要知识点和定理的梳理、重要思想方法的讲解以及典型例题的讨论等,帮助学生建立起第四章"线性映射"完整的知识体系及其应用框架。		
教学目标	(1) 掌握线性映射、表示矩阵、核空间与像空间,以及不变子空间等概念,能通过具体的例子对上述概念进行阐述与辨析。 (2) 掌握线性映射核空间与像空间的计算,以及不变子空间的验证。 (3) 理解"高等代数"中"代数与几何相互转换"的重要思想;能通过语言的转换,把代数问题转化成几何问题,或者把几何问题转化成代数问题,并进行证明。		
教学理念 与策略	复习课上通过典型例题的讲解,对本章的重要知识点、定理和方法等进行归纳总结,这是一种常见的教学方法。讲解例题对学生理解概念和掌握方法有着重要的作用,但实践证明,如果教师只是一味地在课堂上讲解例题,学生被动地听讲和接受,教学效果将大打折扣。因此,本次课堂的教学理念是:复习课要取得良好的教学效果,关键是改变"满堂灌式"教学方法,促进学生主动学习。 本次课堂设计的策略包括以下3点。 (1) 设置讨论题,在课堂上请学生讨论、回答,并上讲台陈述理由。 (2) 请学生课前学习在线课程中对应的教学视频,部分例题请准备好的学生上台讲解并接受提问。 (3) 总结"代数与几何相互转换"的重要思想,分成"几何问题转化成代数问题"和"代数问题转化成几何问题"这两个主题进行例题讲解。强调教师讲解例题与学生讲解例题穿插进行,思想方法的总结及其应用保持同步。		
教学重点 与难点	(1) 基本知识点1:线性映射的表示矩阵,核空间与像空间。线性映射的表示矩阵给出了从线性映射空间到矩阵空间的一个线性同构,它是线性映射的代数化,可以用来判定线性映射的单满性,以及计算其核空间与像空间。 (2) 基本知识点2:线性变换的不变子空间。如何确定某些线性变换(比如,满足特定条件的线性变换或低维线性空间上的线性变换)的不变子空间的总个数,以及其一维不变子空间的几何形态,这一基本问题的探讨将为第六章"特征值与特征向量"和第七章"相似标准形"的学习提供几何上的直观与例证。 (3) 重要思想和方法:代数(矩阵)与几何(线性映射)之间的相互转换。在线性同构的意义下,若把抽象的线性空间等同于具体的列向量空间,那么抽象的线性映射可以等同于由其表示矩阵的乘法诱导的具体的线性映射。具体来说,存在一个实现几何语言和代数语言相互转换的交换图。		

(续表)

教学实施过程	
	一、课前部分 　　教师提前3天通知学生利用在线课程对本节授课内容,特别是对要讲解的例题进行预习,希望上讲台讲解例题的学生提前做好准备。 **二、课中部分** 　　1. 课堂讨论 　　**讨论题**　设φ是实平面$\mathbb{R}^2$上的线性变换,则$\mathbb{R}^2$的φ-不变子空间个数不可能是(　　)。 　　A. 1　　　　B. 2　　　　C. 3　　　　D. 4　　　　E. 5 　　教师先让学生讨论2~3分钟,然后请5位学生依次回答5个答案的可能性,必要时请学生上讲台陈述理由。 　　学生1:答案A不可能,因为任一线性变换φ至少包含2个平凡的不变子空间,即0和$\mathbb{R}^2$。 　　学生2:答案B可能,比如,$\mathbb{R}^2$上绕原点逆时针旋转90度的线性变换φ只有2个平凡的不变子空间,即0和$\mathbb{R}^2$。 　　学生3:答案C可能,比如,设$e_1=(1,0)^T$, $e_2=(0,1)^T$为$\mathbb{R}^2$的标准基,φ在这组基下的表示矩阵为$\begin{bmatrix}0&1\\0&0\end{bmatrix}$,即满足$\varphi(e_1)=\mathbf{0}$, $\varphi(e_2)=e_1$,可以验证φ-不变子空间只有3个: 0, $L(e_1)$和$\mathbb{R}^2$。 　　学生4:答案D可能,比如,设$e_1=(1,0)^T$, $e_2=(0,1)^T$为$\mathbb{R}^2$的标准基,φ在这组基下的表示矩阵为$\begin{bmatrix}0&0\\0&1\end{bmatrix}$,即满足$\varphi(e_1)=\mathbf{0}$, $\varphi(e_2)=e_2$,可以验证φ-不变子空间只有4个: 0, $L(e_1)$, $L(e_2)$和$\mathbb{R}^2$。 　　学生5:答案E不可能。用反证法,假设φ有5个不变子空间,那么非平凡的一维不变子空间共有3个,分别设为$L(e_1)$, $L(e_2)$和$L(k_1e_1+k_2e_2)$,其中e_1, e_2是$\mathbb{R}^2$的一组基,k_1, k_2都不为零。由假设$\varphi(e_1)=\lambda_1 e_1$, $\varphi(e_2)=\lambda_2 e_2$, $\varphi(k_1e_1+k_2e_2)=\lambda_3(k_1e_1+k_2e_2)$,容易证明$\lambda_1=\lambda_2=\lambda_3$,从而$\varphi=\lambda_1 I_{\mathbb{R}^2}$为纯量变换,于是$\varphi$有无穷个不变子空间,这与假设矛盾。    　　教师总结:引入线性变换的不变子空间这一概念,是为了学习第六章"特征值与特征向量"和第七章"相似标准形"打下基础。当学习过第七章的内容之后,我们可以给出上述讨论题关于任一线性变换的结论,那就是:如果φ的特征多项式不等于极小多项式,那么φ有无穷个不变子空间;如果φ的特征多项式等于极小多项式,那么φ只有有限个不变子空间,其个数由φ的特征多项式的因式分解唯一决定。

(续表)

教学实施过程	2. 重要思想方法的总结 以下定理是第四章"线性映射"中最重要的定理,反映了高等代数中"代数与几何相互转换"这一重要思想。利用这一思想可以研究线性映射的核空间与像空间,特别地,可以得到线性映射的维数公式。利用这一思想,可以实现几何语言和代数语言之间的相互转化,为我们处理高等代数问题带来了极大的便利。 **定理** 设 V, U 分别是数域 $\mathbb{K}$ 上的 n, m 维线性空间,分别取定 V, U 的一组基,则取表示矩阵的映射 $T: L(V, U) \to M_{m \times n}(\mathbb{K})$ 是一个线性同构。进一步,任取线性映射 $\varphi: V \to U$,$A = T(\varphi)$ 为其表示矩阵,$\eta_V: V \to \mathbb{K}^n$ 和 $\eta_U: U \to \mathbb{K}^m$ 为把向量映为给定基下坐标向量的线性同构,$\varphi_A: \mathbb{K}^n \to \mathbb{K}^m$ 为由 A 的左乘诱导的线性变换,则有如下交换图: $$\begin{array}{ccc} V & \xrightarrow{\varphi} & U \\ \downarrow \eta_V & & \downarrow \eta_U \\ \mathbb{K}^n & \xrightarrow{\varphi_A} & \mathbb{K}^m \end{array}$$ 3. 例题讲解 **主题Ⅰ** 几何问题转化成代数问题 **例题1** 设 V, U 分别是数域 $\mathbb{K}$ 上的 n, m 维线性空间,线性映射 $\varphi: V \to U$ 的秩等于 $r \geqslant 1$,证明:存在 r 个秩等于 1 的线性映射 $\varphi_i: V \to U$,使得 $\varphi = \varphi_1 + \varphi_2 + \cdots + \varphi_r$。 **教师讲解**:用几何的方法来做当然可以,但线性映射的构造略显麻烦。因此,直接转化成代数的语言来做。设矩阵 $\mathbf{A} \in M_{m \times n}(\mathbb{K})$ 的秩等于 $r \geqslant 1$,证明:存在 r 个秩等于 1 的矩阵 $\mathbf{A}_i \in M_{m \times n}(\mathbb{K})$,使得 $\mathbf{A} = \mathbf{A}_1 + \mathbf{A}_2 + \cdots + \mathbf{A}_r$。设 $\mathbf{P}, \mathbf{Q}$ 分别为 m, n 阶非异阵,使得 $\mathbf{A} = \mathbf{P} \begin{bmatrix} \mathbf{I}_r & \mathbf{O} \\ \mathbf{O} & \mathbf{O} \end{bmatrix} \mathbf{Q}$。令 $\mathbf{A}_i = \mathbf{P} \begin{bmatrix} \mathbf{\Lambda}_i & \mathbf{O} \\ \mathbf{O} & \mathbf{O} \end{bmatrix} \mathbf{Q}$,其中 $\mathbf{\Lambda}_i$ 是 r 阶对角阵,主对角线上第 i 个元素为 1,其余元素都为零。显然,$\mathrm{rank}(\mathbf{A}_i) = 1$ 且 $\mathbf{A} = \mathbf{A}_1 + \mathbf{A}_2 + \cdots + \mathbf{A}_r$。 第 2 道例题是"高等代数"每周一题中的思考题,请准备好的学生上台讲解。 **例题2** 设 φ 是 n 维线性空间 V 上的线性变换,满足 $\varphi^m = 0 \, (m \in \mathbb{Z}^+)$ 和 $n = mq + 1$,证明:$\mathrm{rank}(\varphi) \leqslant n - q - 1$。 **学生讲解**:直接转化成代数的语言来做。设 n 阶方阵 $\mathbf{A}$ 满足 $\mathbf{A}^m = \mathbf{O}$,$n = mq + 1$,证明 $\mathrm{rank}(\mathbf{A}) \leqslant n - q - 1$。用反证法,设 $\mathrm{rank}(\mathbf{A}) \geqslant n - q$,则由矩阵秩的 Sylvester 不等式可得 $$\mathrm{rank}(\mathbf{A}^2) \geqslant \mathrm{rank}(\mathbf{A}) + \mathrm{rank}(\mathbf{A}) - n \geqslant n - 2q。$$ 同理,不断地做下去,最后可得 $\mathrm{rank}(\mathbf{A}^m) \geqslant n - mq = 1$,这与 $\mathbf{A}^m = \mathbf{O}$ 矛盾。  **主题Ⅱ** 代数问题转化成几何问题 **例题3** 设 $\mathbf{A}$ 为 n 阶方阵,证明:$\mathrm{rank}(\mathbf{A}^n) = \mathrm{rank}(\mathbf{A}^{n+1}) = \mathrm{rank}(\mathbf{A}^{n+2}) = \cdots$。 这是关于矩阵秩的一道典型例题。教师先请学生上台讲解它的代数证法。 **学生讲解**:考虑矩阵秩的不等式

（续表）

| 教学实施过程 | $\mathrm{rank}(\boldsymbol{I}_n) \geqslant \mathrm{rank}(\boldsymbol{A}) \geqslant \mathrm{rank}(\boldsymbol{A}^2) \geqslant \cdots \geqslant \mathrm{rank}(\boldsymbol{A}^n) \geqslant \mathrm{rank}(\boldsymbol{A}^{n+1})$，
注意到这 $n+2$ 个整数落在 $[0, n]$ 中，根据抽屉原理，必存在 $m \in [0, n]$，使得 $\mathrm{rank}(\boldsymbol{A}^m) = \mathrm{rank}(\boldsymbol{A}^{m+1})$。一方面，有 $\mathrm{rank}(\boldsymbol{A}^{m+2}) \leqslant \mathrm{rank}(\boldsymbol{A}^{m+1})$；另一方面，利用矩阵秩的 Frobenius 不等式可得
$$\mathrm{rank}(\boldsymbol{A}^{m+2}) \geqslant \mathrm{rank}(\boldsymbol{A}^{m+1}) + \mathrm{rank}(\boldsymbol{A}^{m+1}) - \mathrm{rank}(\boldsymbol{A}^m) = \mathrm{rank}(\boldsymbol{A}^{m+1}),$$
从而 $\mathrm{rank}(\boldsymbol{A}^{m+1}) = \mathrm{rank}(\boldsymbol{A}^{m+2})$。同理，可证 $\mathrm{rank}(\boldsymbol{A}^k) = \mathrm{rank}(\boldsymbol{A}^{k+1})$，$\forall k \geqslant m$。

教师讲解：代数证法中运用了技巧性很强的 Frobenius 不等式，一般很难想到。但如果转化成几何的语言来证，就会发现几何证法特别的简单和自然，只用到了线性变换像的定义。下面转化成几何的语言并加强结论：设 φ 是 n 维线性空间 V 上的线性变换，证明：
$$\mathrm{Im}\varphi^n = \mathrm{Im}\varphi^{n+1} = \mathrm{Im}\varphi^{n+2} = \cdots。$$
考虑子空间的包含关系 $\mathrm{Im}\varphi^m \supseteq \mathrm{Im}\varphi^{m+1} \supseteq \mathrm{Im}\varphi^{m+2} \supseteq \cdots$，以及维数不等式
$$\dim V \geqslant \dim \mathrm{Im}\varphi \geqslant \cdots \geqslant \dim \mathrm{Im}\varphi^n \geqslant \dim \mathrm{Im}\varphi^{n+1},$$
注意到这 $n+2$ 个整数落在 $[0, n]$ 中，根据抽屉原理，必存在 $m \in [0, n]$，使得 $\dim \mathrm{Im}\varphi^m = \dim \mathrm{Im}\varphi^{m+1}$，从而 $\mathrm{Im}\varphi^m = \mathrm{Im}\varphi^{m+1}$。任取 $\boldsymbol{\alpha} \in \mathrm{Im}\varphi^{m+1}$，即存在 $\boldsymbol{\beta} \in V$ 使得 $\boldsymbol{\alpha} = \varphi^{m+1}(\boldsymbol{\beta})$。注意到 $\varphi^m(\boldsymbol{\beta}) \in \mathrm{Im}\varphi^m = \mathrm{Im}\varphi^{m+1}$，即存在 $\boldsymbol{\gamma} \in V$ 使得 $\varphi^m(\boldsymbol{\beta}) = \varphi^{m+1}(\boldsymbol{\gamma})$。于是 $\boldsymbol{\alpha} = \varphi(\varphi^m(\boldsymbol{\beta})) = \varphi(\varphi^{m+1}(\boldsymbol{\gamma})) = \varphi^{m+2}(\boldsymbol{\gamma}) \in \mathrm{Im}\varphi^{m+2}$，故有 $\mathrm{Im}\varphi^{m+1} = \mathrm{Im}\varphi^{m+2}$。同理，可证 $\mathrm{Im}\varphi^{k+1} = \mathrm{Im}\varphi^{k+2}$，$\forall k \geqslant m$。
第 4 道例题是期中考试的第六大题。我们在讲评期中试卷时，仔细分析过这道题目的两种证法。第一种证法是代数证法，即利用矩阵秩的 Frobenius 不等式，这和例题 3 的代数证法十分类似。第二种证法是几何证法，即线性方程组求解理论关于矩阵秩的应用。我们知道齐次线性方程组的解空间同构于线性映射的核空间，因此可以自然地问：这道例题是否还可以用线性映射像空间的方法来证呢？可以请已经思考过的学生上台讲解第二种几何证法。
例题 4 设 $\boldsymbol{A}, \boldsymbol{B}$ 为 n 阶方阵，满足：$\boldsymbol{A}^k = \boldsymbol{O}$ ($k \in \mathbb{Z}^+$)，$\boldsymbol{AB} = \boldsymbol{BA}$ 且 $\mathrm{rank}(\boldsymbol{AB}) = \mathrm{rank}(\boldsymbol{B})$，证明：$\boldsymbol{B} = \boldsymbol{O}$。
学生讲解：直接将 $\boldsymbol{A}, \boldsymbol{B}$ 看成是列向量空间 K^n 上的线性变换。由 $\boldsymbol{AB} = \boldsymbol{BA}$ 容易验证 $\boldsymbol{A}(\mathrm{Im}\boldsymbol{B}) \subseteq \mathrm{Im}\boldsymbol{B}$，即 $\mathrm{Im}\boldsymbol{B}$ 是 $\boldsymbol{A}$-不变子空间。将线性变换 $\boldsymbol{A}$ 限制在 $\mathrm{Im}\boldsymbol{B}$ 上，得到 $\mathrm{Im}\boldsymbol{B}$ 上的线性变换 $\boldsymbol{A}\,|_{\mathrm{Im}\boldsymbol{B}}$。由 $\mathrm{rank}(\boldsymbol{AB}) = \mathrm{rank}(\boldsymbol{B})$ 可知 $\dim \mathrm{Im}(\boldsymbol{A}\,|_{\mathrm{Im}\boldsymbol{B}}) = \dim \mathrm{Im}\boldsymbol{AB} = \dim \mathrm{Im}\boldsymbol{B}$，即 $\boldsymbol{A}\,|_{\mathrm{Im}\boldsymbol{B}}$ 是满射。因此，$(\boldsymbol{A}\,|_{\mathrm{Im}\boldsymbol{B}})^k = \boldsymbol{A}^k\,|_{\mathrm{Im}\boldsymbol{B}} = \boldsymbol{O}\,|_{\mathrm{Im}\boldsymbol{B}}$ 也是满射，这意味着 $\mathrm{Im}\boldsymbol{B} = 0$，即有 $\boldsymbol{B} = \boldsymbol{O}$。 |

（续表）

教学实施过程	

4. 课堂总结

"高等代数"中最核心的研究对象，除了代数对象（矩阵）之外，还有几何对象（线性空间和线性变换）。只有掌握了代数对象与几何对象之间的内在联系以及相互转化的方法，才能真正地学好"高等代数"课程。

三、课后部分

下面是第四章"线性映射"中重要知识点及其应用的框架图，请大家对照参考进行课后复习，并完成如下作业：教材第 204 页的习题 1 至习题 6，教材第 206 页的复习题 15 和复习题 17。

几何	↔	代数
线性映射 $\varphi: V \to U$ 的概念	↔	表示矩阵 $A \in M_{m \times n}(\mathbb{K})$ 的概念
线性映射 φ, ψ 的加法与数乘	↔	矩阵 A, B 的加法与数乘
线性映射的复合 $\varphi \circ \psi$	↔	矩阵的乘法 $A \cdot B$
核空间 $\mathrm{Ker}\varphi$	↔	线性方程组 $Ax = 0$ 的解空间 V_A
像空间 $\mathrm{Im}\varphi$	↔	矩阵 A 的列向量张成的子空间
线性映射的维数公式 $\dim \mathrm{Ker}\varphi + \dim \mathrm{Im}\varphi = \dim V$	↔	线性方程组的求解理论 $\dim V_A + \mathrm{rank}(A) = n$
线性映射 φ 是单射或满射	↔	矩阵 A 是列满秩或行满秩
线性映射 φ 是线性同构	↔	矩阵 A 是非异阵
V_0 是 V 的 φ-不变子空间	↔	矩阵 A 相似于分块上三角阵
V 是若干个不变子空间的直和	↔	矩阵 A 相似于分块对角阵	
教学目标达成度分析	1. 从教学过程来看，因为学生课前通过在线课程对要讲解的例题进行了预习，所以本次课堂达到了较高的教学完成度。 2. 从教学设计来看，不管是问题的讨论，还是例题的讲解，都体现了学生对相关知识点、方法和技巧的牢固掌握，展现了学生较强的逻辑思维能力、语言表达能力和板书能力。 3. 本次课堂圆满完成了既定的教学目标，帮助学生建立起第四章"线性映射"完整的知识体系及其应用框架。
教学示范意义反思	数学课程传统意义上的教学改革通常集中在线下层面。然而，随着慕课等工具的广泛使用，线上线下混合式教学改革也在数学课程中悄然进行。对数学课程而言，2 学时的授课后，学生需要花费 2~3 倍的时间，通过做习题才能完全掌握相关的知识点、方法和技巧，2 周之后才有可能和教师就相关问题进行深入地探讨。因此，如何在坚持数学学科的特点、遵循数学学科的教学规律的前提下，合理地实施混合式教学改革，这是新时代高校数学教师面临的一个重要课题。从这个意义上说，本次课堂既是一次挑战，更是一次尝试。
主要教材	1. 谢启鸿、姚慕生、吴泉水编著，《高等代数学（第四版）》，复旦大学出版社，2022 年，第四章。 2. 谢启鸿、姚慕生编著，《高等代数（第四版）》（学习方法指导书），复旦大学出版社，2022 年，第 4 章。

上海交通大学

学校交流

访谈嘉宾 上海交通大学教学发展中心主任　王丽伟

问题1　学校课程培育的举措

在提升我校课程质量方面,上海交通大学教务处有一个学生评教的机制。在这个机制中,学期末学生会给老师打分,分为A、B、C、D档。各个学院都有这样一个规定:老师如果得到D档,连续两次的话,一般来说就要停课。这是一个基本的标准,我们有一个底线可以保证课程的质量。

在课程创新方面,我校有教学发展中心,它在我校是一个独立建制的单位,这在全国也是非常少见的。另外,教学发展中心有19名教学发展人员,在全国各个高校中,人员数量也是最多的。在教学发展中心的基础上,我们培育了300多名教学专家。有了教学专家之后,我们有一个教学咨询和评估服务。比如,老师想要提高课程质量的话,可以来预约咨询和评估服务,只要预约,就会有教学专家到教师课堂中。教学专家的身份是老师的朋友,帮老师一起观察课堂,获取同学们对课堂的意见,然后帮助老师进行提升教学。我们评价这些教学专家的有效性一个特别重要的标准,就是他帮助老师将他的课程质量提升了多少。

除此之外,我们还有课程的创新设计专项。所有老师想要实现课程改革,都可以申请这个专项。我们会有一定资金的支持,也会有一位教学专家配套到课堂中,从开题、中期到结题会给老师全程的、精细化的指导。

我们还有微格教学、教改说课等一系列活动,也正是在这些措施条件下,上海交通大学的老师的教学水平得到了非常大的提升。在近年来的教学竞赛中,获得了国家级的教学竞赛奖项15项,其中青教赛和教学创新大赛一等奖就有6项。在刚刚结束的北京(全国)青教赛中,我们获得了工科一等奖第一名、理科一等奖第二名,医学组也获得了二等奖第八名的好成绩。

问题2　学校提升教师教学能力的举措

教师的教学能力提升和课堂的创新设计是相类似的,所有促进课堂创新设计的方法和课堂创新改革的方法,都是可以促进教师教学能力提升的。上海交通大学除了刚刚所说的提升课堂创新的手段之外,还有青年教师的长训制度。青年教师必须经过一年期的长训才能走上讲台,这一年期的长训包括先进的教育学理念的辅导,有说课。我们还会有一个优秀

课程的开放观摩,一些优秀课程都会开放给青年教师去观摩,来提升他的教学能力。

我们还有教与学讲坛。教与学讲坛的主题包括教学午餐会、教学工作坊。另外,还有班主任基金以及导师沙龙,可以从全方位来提升老师的能力,不仅是教学,还有指导研究生,还有带班主任的经验提升。我们还建立了一个培训、评估、认证三合一的体系。另外,我们培育了3名最高级别的、教学有效技巧的培训师,也打造了教师发展人员胜任力的培训班和教师核心素养的培训班。每年除了培训上海交通大学的老师之外,为全国各大高校培训了200多名老师,在这方面我们也取得了非常好的成果。在最近刚刚公布的、目前正在公示的国家级教学成果奖中,上海交通大学教学发展中心的工作也获得了国家级二等奖。

请扫码观看
王丽伟的访谈

教师访谈及教学设计

访谈嘉宾　上海交通大学　蒋　丹
访谈内容　"设计与制造Ⅰ"

问题 1　课程介绍

我是来自上海交通大学的蒋丹老师。我们的课程"设计与制造Ⅰ"是一门工科基础课程,面向机械工程专业的所有学生,开设于大二第二学期。学生学习了理科的一些基础知识之后,在这个阶段转向专业学习,这门课是学生进入专业后接触的第一门专业基础课程。基于此我们提出了这门课程的设计理念,就是让学生能体验并体会到专业的一些核心基本要素。所以,这门课程起到的作用不仅是让学生接受知识,更是让学生了解专业。

在传统教学中,这门课程是以图为研究对象,注重图形表达的正确性和规范性。但由于学生还没有专业基础,对图样的具体专业应用并不了解,如果课程的学习只是停留在对图的研究和正确表达的做题训练中,那么学生对知识的工程应用以及专业的理解还是有所欠缺的。基于这样的考虑,我们进行了课程的创新设计,结合学校的办学定位和专业的人才培养目标,将课程从图形知识的传授转化为产品开发的任务。

产品开发是这一专业的学生毕业后要面临的实际工作环境,基于此我们做了一系列教学改革,包括引入项目式教学,让学生通过项目开发形成专业的系统性思维和综合的应用能力,同时,开放性的题目也锻炼了学生的创新思维。因为这门课程本身具有一定的难度,为了让学生能够更好地参与其中,我们也引入了混合式教学。通过线上自学掌握基本概念,在课堂中形成学生深度参与的氛围。在教学过程中设计了充分的师生互动、生生互动、生生互评,让学生对所学知识有比较全面的深入了解。

问题 2　参加示范课堂活动的感受

参加这次活动,我觉得很有收获。教无定法,教学可以有非常多的奇思妙想。通过大家的分享,我能够感受到同行们对教学设计、教学创新都投入了大量的精力,这也为我们今后课程的进一步改革、建设和创新增加了动力。

问题 3　课程的创新性和示范性

本科示范课堂本身是一个更细化的元素。因为它可以将每一堂课呈现给别人,所以,我们在课程的建设中会特别考虑每一堂课应该让学生学习什么,给予明确的学习目标。在这堂课中,围绕着这个目标进行教学设计和创新,最后检验这堂课是否达到我们教学的设计目标。每一堂课这样精心地去设计、制作,在实践中一步一步改进。

这样具体的教学过程具有很好的示范性,我们同行之间往往有广泛的了解和交流,大都是关

于教学理念、教学方法。因此在理念这样较高的层面上了解得比较多,但是对于课堂的具体实施了解甚少。通过这样的一种形式,可以更细化地去推广示范,也可以让其他老师更清晰地知道再好的理念应该如何落实到每一堂课,以及在每一堂课中,学生会有什么样的体验和收获。课程的持续改进是每一个老师的目标,所以,我们也会在自己的课程中不断探索、寻求创新。

请扫码观看
蒋丹的访谈

"设计与制造Ⅰ" 课堂教学设计

课程名称: 设计与制造Ⅰ **授课章节:** 第四章第二节"轴测图绘制"

 课堂简要内容

本节课对应教学大纲中的第四章第二节。轴测图是表达形体立体感的有效方法,尤其是轴测草图在需要快速交流的工程创新设计阶段使用最多,成为现代工程师必备能力之一。课堂中对轴测图的参数、分类、特性进行讨论,学习正等轴测图和斜二轴测图的绘制方法,并训练徒手绘制轴测草图的能力,在应用中对不同立体适合的轴测图表达方案做出正确的分析和选用。

本节课的重点、难点是:学生在之前学习投影基础时,均采用工具绘图,保证作图精度来解决空间问题。但是,当进入项目的方案设计阶段,设计方案需要快速、有效地绘制出来,才能产生大量具有创新性的想法。为创新设计做好准备,本堂课需要解决的重点问题是正确绘制轴测图来表达立体形状结构的设计意图,难点是帮助学生突破画图的习惯性方法,实践徒手绘制设计草图。

 教学目标

1. 价值目标

能够理解不同的绘图表达手段在产品开发全过程中的作用及其重要性,重视草图绘制的训练。

2. 知识目标

(1) 能够描述轴测图的主要参数及表现形式,并根据其特点分辨出轴测图的类型。

(2) 能够根据立体的形状特点,采用适当的轴测图类型进行立体的表达,并评估表达方案的优劣。

3. 能力目标

能够运用轴测图的理论方法和绘制技术,正确绘制出立体的轴测图,并且训练徒手绘制轴测草图的能力。

4. 素质目标

能克服畏难情绪，做到勇于实践、挑战自我，增强现代工程师"草图设计＋数字工具深化"的专业素养。

三、教学理念与策略

学情分析反映绝大部分学生没有绘画经验，习惯使用尺规工具作图，尤其是目前学生偏重于数字化工具的使用，导致他们认为草图设计既难画且不重要。当进入课程项目的创新方案生成阶段，缺乏轴测草图绘制能力阻碍了方案的快速产生和交流。

本节课的教学理念和策略如下。

（1）基于学生的特点，通过工程案例和课程项目，使学生对轴测草图及应用建立感性认识，体会"草图设计＋数字工具深化"的现代工程师专业素养，充分重视本讲的学习。

（2）采用线上线下混合的教学方法，将浅显易懂的基本概念放在课前学习，课中采用案例讨论、正误对照等方法，让学生发现问题，建立正确的概念和画法。同时，课内强调徒手绘图，当场实践，通过同伴观摩互评，互相学习，提升信心。

（3）秉承课程知行合一的理念，结合课程项目的创新方案设计，从问题导入到应用落地，达成课程的学习目标。

四、教学实施过程

1. 教学活动1

0′00″—6′40″：以"十四五"规划和数字化设计技术，让学生关注社会的发展，并以"C919"的设计表达为例，激发学生的家国情怀和专业热情。通过和学生互动对前面讲过的视图绘制进行回顾，由此引出立体图绘制、计算机建模和二维图样生成在产品开发各阶段的意义和作用。同时，导入课程的内容——轴测图绘制。

图1　以时政和技术发展引出课程内容的重要性

2. 教学活动2

6′40″—10′25″：通过以往学生项目的案例分享，使学生建立起轴测图绘制的形式以及在课程项目的现阶段应用的感性认识；检查学生课程项目的进展，明确下个阶段的主要工作；在开始本讲内容前，将学习目标明确告知学生。

图 2　设计方案的草图绘制

3. 教学活动 3

10′25″—14′45″：进行前测，前一讲布置了线上预习要求，线上的测试题引导学生注重基本概念的学习，同时，对概念中易混淆出错的难点，在课堂中通过慕课堂进行简单测试（2分钟答题），分析并找出学生自学时忽视的概念，在课堂重点讲解。

图 3　学生手机答题的展示分析

4. 教学活动 4

14′45″—28′52″：讲解轴测图的分类、绘制的方法步骤，讲解重点是学生不清楚的基本概念，运用一些实例和同学一起分析绘图中容易忽视的规范要求和细节。通过参与式学习，提

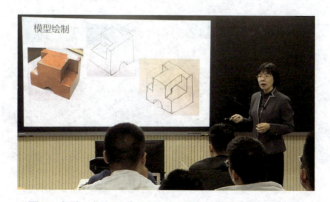

图 4　师生、生生互动，讨论交流表达的重点和难点问题

高学生的观察力和分析思辨的能力。

5. 教学活动 5

28′52″—36′20″：后测，发给每位学生形状各异的木模，学生当场徒手绘制模型的轴测草图(6~10 分钟绘图)，通过慕课堂提交分享。明确要求学生徒手绘制，不使用工具，教师在学生绘图的过程中进行指导、督促和鼓励。

图 5　后测环节学生徒手绘制木模的轴测草图

6. 教学活动 6

36′20″—39′30″：学生浏览慕课堂中同伴的作品，仔细观摩，找出问题，与自己作品的画法做对照、找差距。每位学生可以对 3 个优秀作品进行投票，形成生生互评。

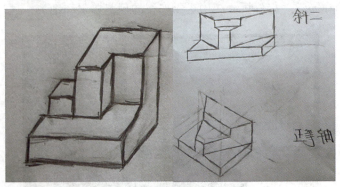

图 6　提交的轴测草图

7. 教学活动 7

39′30″—44′00″：教师点评学生的作品。例如，对投票较多的作品，分析表达角度、图线运用、画图比例这几个重要关注点；同时，找到有问题的作品，提醒学生关注容易出错的地方。课堂中共同发现问题，解决难点，并且教师鼓励学生多加练习。

图 7　提交作品的分析点评

8. 教学活动 8

44′00″—45′00″：课程总结，布置课后作业和下讲预习，安排学生进行设计方案的讨论，给出要求，将本讲内容和课程项目设计相结合，进行具体应用。

五、教学目标达成度分析

通过课堂部分的学习，本讲目标的达成情况如下。

（1）对于价值目标，100%的学生认真听讲，积极实践，表示出对本讲内容的重视程度。

（2）对于知识目标，通过学生木模轴测草图绘制的结果，可以看到：90%的学生选择的轴测图类型正确；85%的学生对轴测草图的立体描述正确，且达到草图绘制要求；通过作品分析评价，90%的学生能准确评价立体表达的优劣。

（3）对于能力目标，通过完成课后作业和课程项目，可以看到：所有学生都提交了徒手绘图的木模测绘和课后作业，课程项目的方案草图数量均达到要求，其正确性和绘图质量反映出徒手绘制轴测草图的能力达成度为 90%。

（4）对于素质目标，90%的学生在课堂上进行木模草图绘制时做到了全程徒手绘图，实现了突破自我、勇于实践的目标。

六、教学示范意义反思

传统课堂是教师讲解、学生完成课后练习。虽然教师一再强调，但最后尝试徒手绘图练习的学生往往不足 10%。学生对自己的徒手绘图能力信心不足，而且一开始徒手绘图时确实效果不尽如人意。

通过反思，认为"当场训练"时学生不得不接受要求、徒手绘图。大部分学生在同伴共同完成任务的场景中自觉接受挑战、勇于突破自我。通过模型绘制的成果建立起徒手绘图的信心,同时,通过分享投票鼓励同伴学习,找差距、求进步,取得了很好的效果。课堂中为了使学生有更多的练习机会,采用了线上线下混合的方式,对混合式教学的运用具有很好的示范作用。

教师访谈及教学设计

访谈嘉宾　上海交通大学　杭 弢
访谈内容　"材料物理"

问题 1　课程介绍

我是上海交通大学材料学院的杭弢,讲授的课程是"材料物理"。材料物理简而言之就是基于量子力学、揭示材料性能背后物理本质的课程。比如,为什么金属有光泽?为什么金刚石导电而石墨不导电(虽然它们本质上都是碳)?为什么有的材料有磁性?什么是半导体,什么又是超导体?这都是我们课程上需要解决的问题。"材料物理"这门课是现代微电子技术和材料科学非常重要的理论基础。

作为一门课程,"材料物理"是我校材料专业大三学生的专业必修课,也是交大材料学院八大专业核心课之一。"材料物理"和传统的材料工科课程有所不同,由于脱胎于量子力学,它有一些理科课程的特点。首先是数学公式特别繁琐,有很多微积分、积分变换、数理方程等。其次是物理概念非常抽象,大家知道量子世界一般是看不见、摸不着的。这样两个特点给我们教好这门课带来了许多挑战。学生听不懂、没有兴趣,学了也不会用。针对这些问题,我们开展了一系列的教学改革创新。

简单来说,针对物理概念抽象难懂、学生有畏难情绪的现象,我们通常采用的方法是结合生活中的实例,形象地给学生讲解物理概念,让学生面对一个个生动的形象理解抽象的物理概念,降低学生的畏难情绪。当然这样形象的方法可能并不适用于对数学公式的讲解,针对繁琐的数学公式,我采取的方法就会结合他们的先修课程进行归纳总结、举一反三,让学生能够跳出公式来学公式。同时,由于我们是给材料专业上物理课,通常我会给物理知识披上材料的外衣,让学生能够结合所学的物理知识去思考材料的设计,解决学生学了不会用的问题。

课程思政也是这门课程的特色之一,我理解中的课程思政不是干巴巴的说教,它可以变得很有趣。比如,我们从中美贸易战讲到芯片材料中的"卡脖子"问题,激励学生去解决这些问题,从而激发他们的学习热情。我做课程思政工作就是为了让学生喜爱这门课,能够喜欢材料专业,我觉得这就是最大的课程思政。同时,我也会积极地去尝试一些新的教学方法,比如,在课堂中运用同伴辅助教学法,主要引导学生能够自主学习、生生互动。

问题 2　参加示范课堂活动的感受

能够与上海高校的这些名师站在同一个舞台上,我首先感到非常荣幸,压力也很大。我觉得更重要的是,通过这样一次活动学到了很多新知识、开阔了眼界。因为获得示范课堂称号的有 23 门课,理工文管都有,我也相当于去听了很多名师的课程,看到很多有趣的、非常新颖的教学方式,让我眼界大开。

在整个课堂里,我的一个感受就是不管用什么样的教学方法、讲什么内容,好的课堂都是教师和学生能够融为一体的课堂。教师兴奋的时候学生也很兴奋,教师激动的时候学生也很激动。名师的课堂都是这样的一个模式,所以,也能够让我有所触动。

问题3　课程的创新性和示范性

"材料物理"其实是一门非常传统的理工类课程,也是一个非常传统的课堂。我是一位普通教师,我自己信奉的教学理念就是没有教学理念,或者换句话说就是教无定法。所以,我不敢说能够给同类课程有所示范,但是你从我的课堂中可以感受到一点,就是我确实在努力地用自己的方式去感染学生,去激发学生的学习兴趣。如果真的要用一句话来总结我的教学创新或者示范性的话,我经常喜欢说的一句话是"事非经过不知难,看似寻常最奇崛"。

请扫码观看
杭弢的访谈

"材料物理"　课堂教学设计

课程名称：<u>材料物理</u>　　　授课章节：<u>自由电子费米气</u>

一、课堂简要内容

本节课对应教学大纲中"自由电子费米气"章节的第一节课。自由电子费米气是量子力学中描述电子的一种理想模型,是"材料物理"课程中非常重要的内容。本节课堂的主要内容是对自由电子费米气的物理概念以及相关数学推导过程做出讲解,并在此基础上提升学生运用数学方法解决物理问题的能力,培育学生的抽象思维和创新意识。

本节课的重点是费米能级的概念。

本节课的难点是自由电子的能量分布的物理描述。

二、教学目标

1. 知识传授目标

(1) 复习巩固氢原子模型和理想气体模型对微观粒子的描述。

(2) 初步建立电子运动的相关概念,以及量子力学的描述方法。

(3) 理解并能够清楚地表述费米能级的概念。

2. 能力提升目标

(1) 能够运用一维无限深势阱模型用于描述自由电子的运动。

(2) 能够运用数学物理方法对一维定态薛定谔方程计算求解。

3. 人格养成目标

(1) 培养学生的抽象思维能力及创新意识。

(2) 培养学生对知识举一反三的联想转化和应用能力。

三、教学理念与策略

1. 教学理念

(1) 引导学生进行主动思考,提高学生对知识的综合理解和灵活应用的能力。

(2) 提高学生的参与意识,体现课堂教学中学生的主体地位。

(3) 激发学生的学习兴趣,提高学生自主学习的意识和能力。

2. 教学策略

(1) 通过已有知识回顾对比,帮助学生梳理、建立知识体系,理清课程推进逻辑。

(2) 通过抽象概念形象化的方法,辅助学生理解和记忆。

(3) 借助雨课堂开展同伴互助教学,增进学生对概念的理解和记忆。

(4) 课程内容结合计算,培养学生运用数理工具解决物理问题的能力。

(5) 融入思政元素,鼓励学生质疑权威,培育其开阔的思维和创新精神。

四、教学实施过程

1. 第一部分 课前问题与课程引出

教学方式 提问,学生分享,教师引导

学生简单讨论,"回顾＋分享",简述氢原子模型和理想气体模型分别是如何描述微粒的运动方式的。引导学生从已有知识中举一反三,建立起基本的电子运动的概念和描述方式。

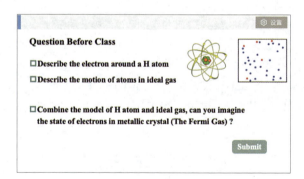

图 1 知识回顾及内容导入

2. 第二部分 自由电子运动模型

教学方式 教师 PPT 结合板书授课

结合恒星行星模型,比喻离子实、电子模型,树立起电子运动的基本概念。

结合板书,请学生回顾量子力学和经典力学分别是如何描述物体运动的,借以强调在量子力学描述中,物体的能量和动量是不连续的、不确定的,从而为后续电子运动的量子力学描述和非连续的能量分布做铺垫。

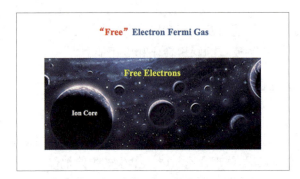

图 2　结合恒星行星的太空类比电子模型

简要介绍特鲁德模型及其局限：经典物理理论，符合玻尔兹曼分布，可以推导出欧姆定律和电阻-热阻关系，但与低温热容不相符；详细介绍索末菲模型的理论基础及其局限：量子力学解释，符合费米-狄拉克分布，合理地解释了低温热容规律。

进一步鼓励学生质疑权威的观点，启发其创新思维。

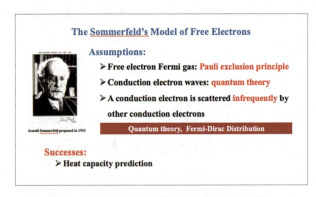

图 3　介绍索末菲模型的理论基础及局限性

3. 第三部分　一维无限深势阱模型及其求解

教学方式　教师讲解，学生作答、讨论，教师辅助引导

首先从最简单的 1D 模型出发，讨论一个电子在一维自由空间中的波函数。列出薛定谔方程

$$H\psi_n = -\frac{\hbar^2}{2m}\frac{\mathrm{d}^2\psi_n}{\mathrm{d}x^2} = \varepsilon_n\psi_n \text{。}$$

提问为什么没有势能项，启发学生思考，对比量子力学中的定态薛定谔方程，结合自由电子的薛定谔方程及其通解，给出一维无限深势阱的边界条件假设。

利用一维无限深势阱模型，得到波函数为正弦波且为驻波。给出金属铜表面量子阱扫描隧道显微镜图片，让学生直观地看到电子出现的几率分布。

随即进行雨课堂小测，考查学生对于波函数、概率密度等物理概念的理解和掌握程度。开展同伴辅助教学，由学生各自阐述，教师针对难点进行讲解。帮助学生进一步巩固知识，理解概念的物理意义。

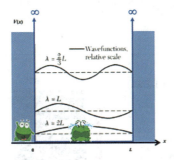

图 4　设置边界条件求解方程

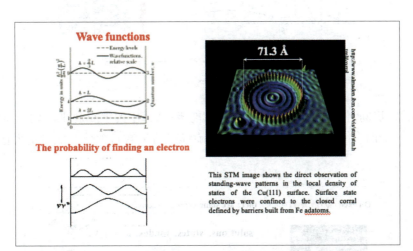

图 5　金属铜表面量子阱扫描隧道显微镜照片

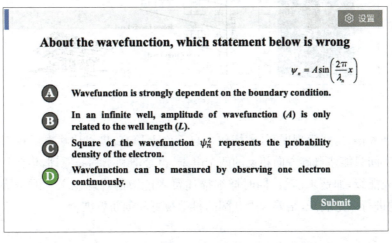

图 6　雨课堂小测对波函数等物理概念的理解

4. 第四部分 电子的能量分布和费米能级

教学方式 教师讲解,学生作答、讨论,教师辅助引导

结合先前的计算结果,用图像形象地表示电子的能量分布,且强调电子的能量是不连续的,因此形成了"能级"这一概念。

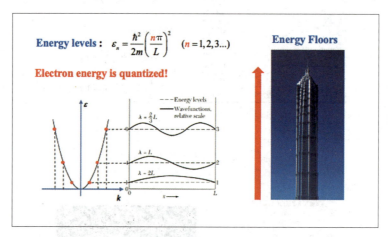

图7 能级概念的类比讲解

借助大楼、房间、住户的比喻来描述电子在能级、轨道中的填充规律,让学生形成清晰又深刻的认识。借助世博会中国馆的形状,来准确描述轨道数目随能级能量增大而增多的物理规律。

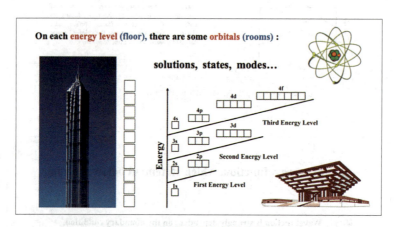

图8 电子轨道概念的类比讲解

继续围绕大楼、房间模型展开,大楼住户自下而上填充,借以比喻电子排布的能量最低原理。每个房间只能住自旋方向相反的两个电子,符合泡利不相容原理,借此可以得到基态下的最高填充能级,即费米能级,同时详细描述费米能级的物理意义。围绕费米的科学思想、费米问题进行一定展开,培养学生开阔的科学视野和创新思维。

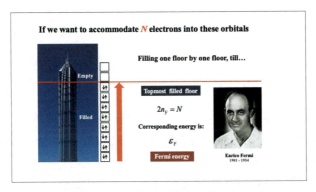

图 9　费米能级的类比讲解

5. 第五部分　费米-狄拉克分布和温度的影响

教学方式　教师提问，学生雨课堂互动作答

给出教材中费米能级的定义，并解释基态即为绝对零度。

根据前面能级的计算公式，给出费米能级的计算公式

$$\varepsilon_F = \frac{\hbar^2}{2m}\left(\frac{n_F\pi}{L}\right)^2 = \frac{\hbar^2}{2m}\left(\frac{N\pi}{2L}\right)^2。$$

在雨课堂提出问题：如果温度升高，能级会如何变化？引出下一节课的内容。

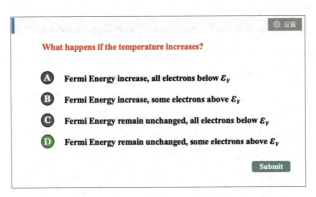

图 10　雨课堂小测启发学生思考费米能级和温度的关系

五、教学目标达成度分析

通过课堂部分的学习和课后作业的分析，本节课教学目标的达成情况分析如下。

（1）对于知识传授目标，学生在听课及互动过程中均能积极反应。在雨课堂小测中，大多数学生能够正确理解波函数、概率密度等抽象概念，仅有少部分学生存在理解偏差，在教师引导和同学讲解辅助下也能纠正。

（2）对于能力提升目标，同样在雨课堂小测中可以看到：80%的学生能够通过简单的数学方法，对波函数等几个物理量进行有效判断；在课后作业中，90%的学生能够通过运用课堂所授的数学物理方法，完成作业相关的问题。

（3）对于人格养成目标，绝大多数学生在听课过程中全神贯注，部分学生敢于主动发言，提出自己不一样的想法。还有学生能够自己将现有理论进行整合，创造新的理论，虽然想法不是很成熟，但这样的想法和勇气值得鼓励。

六、教学示范意义反思

如前所述，"材料物理"具有"数学公式繁杂、物理概念抽象"的特点，学生听不懂、也没兴趣，而大多数理工科的基础理论课也都存在同样的问题。同时，许多专业课教师也对课程思政的融入存在一定的困难。

本节课主要展示了教师对抽象概念进行具象化，在具象化的对象上又可以结合富有上海乃至中国特色的事物，从而实现思政元素的无声融入。当然，在具象化时授课教师需要注意类比是否恰当，避免忽视了科学的严谨性。另一方面，生硬地插入思政元素只会顾此失彼。

本节课也运用了一些现代课堂常用的信息技术。例如，雨课堂的互动问答，并且在课外通过Canvas学习管理平台发布预习资料和课后作业，实现了课堂讲授的互补，在激发学生学习主观能动性的同时，有利于学生巩固、拓展所学知识。

从课堂观察来看，本节课基本上仍为传统的教师讲授加师生互动，并没有过多的"华丽的"表演式示范。但从学生的反应状态可知，几乎所有学生都沉浸在听课以及师生互动当中，课堂气氛十分融洽。对于原本枯燥无味的理论课来说，这种学生充满获得感的学习体验才是作为教师所追求的境界，至于采取何种教学方法和手段反而显得不重要。

对于教学目标的达成，显然仅凭一堂课不足以完全展示学生综合能力的提升以及情感价值塑造等高端目标，这是一个潜移默化的过程，但从学生对本课程的评价来看，学生认为在课程中与物理思维的碰撞和思维的联想发散是终身受益的。

同 济 大 学

> **学校交流**
>
> **交流对象**　同济大学本科生院＊

同济大学主动面向国家战略和新一轮科技革命的需求,促进拔尖人才培养质量和教师教育教学能力的不断提升,以优质课程建设为抓手,系统化开展教师教学能力研修活动,取得了良好成效。

在学校优质课程培育方面,牢记课程是人才培养的核心要素,课程质量直接决定人才培养的质量。以国家级一流本科课程建设为契机,持续优化课程体系,更新课程内容,创新教学方法,注重思维涵养,打通人才培养的"最后一公里"。

同济大学持续推进适应新时代要求的一流本科课程建设,构建"通专融合、交叉复合、本研贯通"的全链条一体化课程体系。围绕培养学生核心能力和专业素养的目标,建设高水平专业核心课程、专业基础课程、公共基础课程,以课程改革"小切口"带动解决人才培养模式"大问题"。面向新工科、新医科、新文科,推动以"人工智能+"为特征的交叉融合,建设交叉课程,促进具有同济特色的拔尖创新交叉复合人才培养。以学生成长为中心,打造高质量精品通识课程,提升通识教育质量,夯实学生在知识、能力和人格方面的共性发展基础,促进学生德智体美劳全面发展。积极推动人工智能赋能课程建设,组织学院建设优质资源,梳理专业核心课程体系,构建专业知识图谱,已立项土木工程专业、人工智能专业、材料科学与工程、高等数学4个专业及公共基础课程知识图谱建设项目。

2023年同济大学共有55门课程入选第二批国家级一流本科课程,包括线上课程20门、线下课程15门、线上线下混合式课程13门、虚拟仿真实验教学课程4门、社会实践课程3门,入选课程数量位列全国高校第四、上海高校第一。目前我校累计入选国家级一流本科课程109门,总数位列全国第八。与此同时,2023年我校新增市级一流本科课程23门、市级重点课程39门。

在提升教师教学能力方面,积极响应"四有"好老师、"四个引路人"、"四个相统一"、"经师"和"人师"统一的"大先生"等殷切期望,构建全程支持与发展的策略。旨在确保教师在其职业生涯的每一个阶段都能获得必要的支持和发展,从而最大限度地提高教学质量。

优秀的教师是培养出来的,而非生而知之。新任教师的入职培训从严把关,聘任督导教

＊ 本文由同济大学本科生院于2024年3月提供。

师及骨干教师认真指导新教师们如何上好一节课，传递同舟共济的精神和热爱教学的初心。引导教师参加学术会议、虚拟教研室、研修班和青年教师教学竞赛等多种教学创新活动，保持学习力。通过知识结构的持续完善、教育理念的自我革新、教学内容的不断更新、教学方法的不断创新，构建动态、互动和持续发展的教育生态系统。参考"国家级教学名师奖"和"万人计划教学名师"的评选标准，创建了同济大学"教书育人先进奖"评选机制，将教师的学术研究、教学成果和创新能力作为重要的评价维度。大力弘扬教育家精神，激励全体教师队伍追求卓越，以期星光引路、榜样育人。

2023年新任教师教育教学能力提升专项研修班围绕"以学为中心"的理念，从理论与实践相结合的角度出发，设置了"培养理念、教育专题、教学方法、自主学习及教学实践、优质课程观摩、经验分享暨总结"六大模块。新任教师需完成40课时的研修课程、教学设计和录课视频，从而快速适应教学工作，成为合格的教育工作者。学校将持续打造新任教师教学能力提升的品牌，为提高整体教育教学质量、培养一流人才作出更大的贡献。

在同济大学的教育理念中，有情怀、有担当的教师与有内涵、有价值的课程之间的深度互动构成了教育的核心。不仅是知识的传递，更是一场关于人格塑造和灵魂触动的旅程。同济大学厚植沃土，以培养"引领未来的社会栋梁与专业精英"为己任，让每一位同济人都能成为社会的擎天之柱。

教师访谈及教学设计

访谈嘉宾　同济大学　吴　兵
访谈内容　"交通管理与控制"

问题1　课程介绍

我是同济大学交通运输工程学院吴兵,我主讲的这门课程"交通管理与控制"是交通工程专业的核心课程,是专业必修课。我校将这门课安排在三年级下学期,学生是在学了大多数其他专业课程之后才开始学本课程。这样就能为学生更好地达到本课程的教学所要求的"综合运用专业知识"提供了基础。

随着经济社会的发展,交通越来越成为人们日常生活必不可少的一部分。交通与社会密不可分,而交通的管控则是更为常见的生活内容,我们的出行或开车等都需要在一定的交通管控条件下才能进行。因此,这门课首先是要教会学生观察生活,然后从专业的角度分析交通问题,从而为进一步解决交通问题打下基础。

所以,这门课的主要内容就是探讨对现有的道路交通设施,如何科学地采取基于交通管控技术的各种交通治理措施,来提高其交通安全与交通效益。这门课程的教学,希望达到以下成果。

首先,要使学生明白,交通的主体是人,在使学生了解交通管控的基本概念和基本知识的同时,要建立正确的以人为本和可持续发展交通的理念。

其次,要使学生明确,作为交通工程专业人才,学习和掌握交通管控理论、知识和方法的必要性,要为培养交通管控的能力而构建必备的知识体系。

再次,只有构建了必备的知识体系,才能为系统开展交通问题的研究和提出解决方案打下基础。

最后,交通的管控是实践性非常强的知识体系,只有扎根社会实践,才能真正了解交通,才有可能真正解决交通问题。

问题2　参加示范课堂活动的感受

本课程有幸参加这次上海高校示范性本科课堂的评选和交流活动,并获得了首批"上海高校示范性本科课堂"的称号。参加这样的活动,我不仅能够很好地梳理和总结本课程的教学过程,也有机会学习和聆听了其他优秀课程课堂教学的经验和体会,这对于进一步提升我的教学能力和水平是非常有帮助的。

课堂教学是一门要求非常高的技术。这次活动使我看到了市内各高校有关教师教学的靓丽风采和高超的教学水平,使我很受启发、受益匪浅。尽管课程的类型甚至内容差别很大,但是教师们的一些教学设计、方法以及技巧等,对我来说都是非常有借鉴意义的。

问题 3　课程的创新性和示范性

我负责的"交通管理与控制"这门课讲授内容最大的特点就是与日常生活体验密切相关,对于日常生活中的交通现象,似乎人人都可以做一番评论,但是,如何揭示这些交通现象背后的本质特性和科学问题,思考所面临的交通问题的解决方法和途径,是这门课程要教给学生的。因此,这门课在教学过程中非常注重引导学生观察身边的交通现象,或者收集有关的交通管控法规、政策或规定等。每堂课就相关问题进行讨论,然后结合问题和讨论引出本堂课要讲授的内容,这样带着问题进行的教学产生了非常好的效果。学生通过课程教学,既可以获得交通管控的相关知识,还可以通过所获得的知识学会观察和思考,初步掌握分析问题和解决问题的方法。这样就将学生过去的"被动学习"转变为现在的"主动学习",将教师过去的"被动传授"转变为现在的"主动引导"。

这门课获得了广大学生的认可,也获得了国内有关高校同行的认可。2020年本课程获得了"国家(线下)一流本科课程"的称号。当然,教学的改革永无止境,我还将继续努力,不断创新,不断改善,努力培养更多的高质量人才。

请扫码观看
吴兵的访谈

"交通管理与控制"　课堂教学设计表

课程名称	交通管理与控制	授课教师	吴兵
节选课堂章节题目	第七章第二节　交通需求管理		
课堂简要内容	1. 了解交通需求管理的基本内涵和基本要点:交通供需管理的特点、交通管理理念的演变、交通需求管理的基本概念与策略。 2. 理解交通需求管理实施的3个方面和5个途径。 3. 掌握交通需求管理基本策略的特点、管理的4个阶段及类型。 4. 讨论交通需求管理存在的主要问题。		
教学目标	了解交通管理与控制的基本概念和基本要点,建立正确的"以人为本"和可持续发展的交通管理与控制理念。		
教学理念与策略	实现课堂教学从"被动传授"向"主动引导"的转变,通过课后作业的布置,促进学生主动查阅文献、探索前沿问题;通过课堂提问,强化学生的思考能力和交流协作能力;通过问题点评,促进学生对具体问题的全面反思;通过课堂讲授,建立较为系统的知识要点结构;案例教学则能强化学生对于知识点的理解,全面提升学生的认知水平。		
教学实施过程	1. "交通系统管理"要点回顾 教师从整体结构层面,将学生的思路引入交通管理策略的结构体系。对于上节课所		

(续表)

	讲授的交通系统管理内容进行要点回顾,并通过一些管理措施来强化交通系统管理的理念与思路,为学生进一步了解交通需求管理的概念提供一个前置参考与区别借鉴。同时,将本堂课关于交通需求管理的内容顺利地引入。  2. 课堂讨论:你如何看待我国部分城市的机动车限购政策? 课题讨论题目在上节课结束时已经布置下去,要求学生在课后做了文献检索的功课,使学生对于机动车限购政策具备了一些感性认识。在课堂上,通过教师提问、提示、讨论以及事后的点评,促使学生基于自己的感性认识,重新对这个问题做出思考与完善,这种动态的激励与完善过程不仅有效地训练了学生即兴表达的语言组织能力,也促进了学生不断提升应对这种主观题所需要的健全思维能力。 
教学实施过程	

043

(续表)

教学实施过程	
	3. 课堂讲授 (1) 交通需求管理(TDM)的基本概念和内容:①交通供需管理的特点;②交通管理理念的演变;③交通需求管理的概念。 (2) 交通需求管理的实施:①实施 TDM 的 3 个层面;②实施 TDM 的 5 个途径。  (3) 交通需求管理的基本策略:①TDM 策略特点;②4 个阶段各有侧重;③TDM 策略类型。 (4) 交通需求管理存在的主要问题。 4. 课堂提问 在本节课程教学内容基本完成的情况下,对课堂讨论的问题进一步提问,考查学生课堂学习的效果与产出,了解学生通过课堂教学是否掌握了相应的知识点,并在理解的基础上能够对所提问题回答得更加理性、专业和全面。如有必要,会在案例教学过程中针对学生的回答情况做进一步的补充教学。  5. 交通需求管理案例介绍 案例教学是课堂重点知识的实践解析,也是课堂知识难点的进一步解读,可以加强学生对于知识要点的理解,需要结合学生回答问题的情况做出相应的回应。 (1) 伦敦拥挤收费案例(鉴于原理性的解释及数据获取的情况,没有进行数据更新),主要用来解析主动性的交通需求管理策略在实际应用过程中面临的问题、挑战、以及由此带来的重大收益。 (2) 停车管理案例,通过对两种停车策略实施的单位停车情况前后变化进行统计分析,发现停车需求管理对于交通出行变化带来显著影响,促使学生思考在设计具体的需求策略时需要关注的问题以及带来的深远影响。

（续表）

| 教学实施过程 |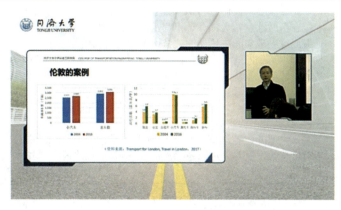

6. 课堂小结
对课堂教学内容的要点与难点进行回顾总结，帮助学生对本堂课的内容形成总体性的结构，把握本堂课的教学内容及重点，深入理解各知识点的实践价值与理论意义。 |
|---|---|
| 教学目标达成度分析 |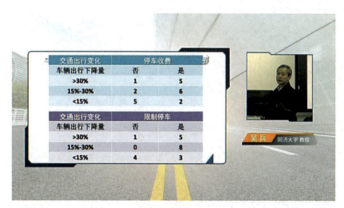

序号	教学目标	考核途径	达成评价依据			分项达成度	教学目标权重 b_i	达成结果
			考核项目	满分	平均得分	权重 a_i			
1	交通需求管理的基本概念	课堂讨论、课后作业	课堂讨论	5	5	0.2	0.84	0.1	0.08
			课后作业	10	8	0.8			
2	管理实施的3个方面和5个途径	课堂讨论、课后作业	课堂讨论	20	15	0.2	0.75	0.2	0.15
			课后作业	20	15	0.8			
3	交通需求管理的策略特点	课堂讨论、课后作业	课堂讨论	20	18	0.2	0.78	0.2	0.16
			课后作业	20	15	0.8			
4	交通需求管理存在的主要问题	课堂讨论、课后作业	课堂讨论	50	40	0.2	0.82	0.5	0.41
			课后作业	50	45	0.8			
课程目标达成度合计									0.80

本课程达成评价合格标准设定为0.80。 |

（续表）

教学示范意义反思	新课改要求我们进行深入的合作探究，因而合作学习也越来越多地被运用于课堂。不过在平时课堂的大部分合作都流于形式，如问题不适宜、规则不当和分组不科学等，都是造成这一现象的主要原因。将课堂的主角交给学生，让学生都参与到课堂讨论中来，会收到意想不到的效果。我们通过反思可以细细体会学生所有提出的问题及他们的看法，从而了解学生看待问题视角存在的片面性，从而有针对性地引导其对于一个具体问题如何进行全面的思考，也有利于在今后的课堂教学设计中充分地引导学生去思考和提出问题，有意识地培养学生的合作学习，让学生学会倾听、学会质疑，从而可以提高学生合作的能力，收到真正的实效。 　　本堂课的内容谈到需求管理政策的求同存异、理念的迭代更新，也强调了"以人为本"、可持续发展等先进思想，契合了可持续发展的理念，提醒学生学习交通需求策略固然重要，但需要进一步关注交通工程伦理，这就是课程思政的"润物细无声"。

华东师范大学

> **学校交流**
>
> **访谈嘉宾** 华东师范大学教务处副处长（时任） 谭红岩

问题 1　学校课程培育的举措

我是华东师范大学教务处谭红岩，在推动优质课程建设方面，学校主要有 4 点做法。

第一，在全校范围内凝聚了一个卓越的共识和目标。2018 年以来华东师范大学围绕育人、文明、发展的三大使命，凝聚了唯卓越方能立足的共识。在这样的背景下，课程作为学校人才培养的关键环节和基本单元，全校开展了课程卓越计划。具体的实施路径是以公共基础课程和专业核心课程为示范打样，来推动课程质量的全面提升。

第二，构建了四导向的课程体系——以思维为导向的通识教育，以前沿为导向的专业教育，以研究为导向的教师教育，以英才为导向的智能教育，明晰分类建设的标准。在具体的建设过程中，不同类别的课程定位使每一个项目建设的目标性更为明确，导向性也更为清晰。截至 2023 年 5 月，学校已经有 83 门课程入选国家级一流本科课程、71 门课程入选上海市一流本科课程、88 门课程入选上海市重点课程。

第三，学校的做法是标准先行。我们先后出台了通识教育、专业教育的准入准出课程标准，一流本科建设的课程标准以及混合式课程标准。这些标准的制定不仅提高了各门课程建设的底线要求，也引导教师朝向"两性一度"金课方向建设。

第四，我们在课程建设的过程中做了精细化的管理。我们非常重视小同行的听课，学校全面实施了课程的公开课制度。通过专家团队对课程重点打样并出具过程性报告，来带动这些课程朝向优质的目标建设。

问题 2　学校提升教师教学能力的举措

学校在教师教学发展方面主要有 4 点做法。

第一，华东师范大学具有这方面的良好基础和重视教师教学能力发展的传统。早在 1986 年，教育部华东高师师资培训中心就在我校设立。在此基础上，2011 年学校成立了教师教学发展中心，并于 2012 年成为国家级教学发展示范中心。中心的主要工作是面向全体教师，开展教师全覆盖、全周期的教学培训与教学研究。举例来讲，对于新入职教师我们打造了教育心理、教育技术等 5 个板块的课程内容，教师必须完成课程板块的学习以及青年教师助教的考核合格后，方能独立主讲课程。

第二,学校建设了培训、研修、比赛、示范一体化的进阶式研修体系。在这个体系中,由学校共性内容和院系学科特色内容组成。以学校举行的研修活动为例,每年超过40场,有超过1 000人次的教师参加,营造了浓厚的教研氛围。

第三,我们非常注重信息技术的应用。学校整合建设了大夏学堂在线教学辅助平台,探索基于大数据的教与学分析,来推动教与学行为的一些转变。比如,我们立项的大夏学堂示范项目和传统的项目不同,这个项目有专家团队的带领,是边指导、边建设的一个过程。专家团队会全程进行指导,并且阶段性地出具报告。几年来我们建设了425个项目,其中113个成为示范性、优质性项目。主讲教师中有13位获得了包括全国高校混合式教学设计比赛等国家级教学奖项,有51位主讲教师获得长三角师范院校智慧教学比赛等省部级奖项。通过项目的设立,我们逐步推动了"以学为中心"理念的落实,推动了教学创新。

第四,我们非常重视优质资源的辐射。比如,依托慕课西行、师范教育协同提质计划,还有中西部高校教师融合式教学项目等,把优秀教师的课堂向中西部高校的青年教师开放,其实对我们的教师而言也是促进,促进他们不断地反思自己的教学理念、总结自己的教学模式,也推动这些教师从优秀走向卓越。

请扫码观看
谭红岩的访谈

教师访谈及教学设计

访谈嘉宾　华东师范大学　管曙光
访谈内容　"光学"

问题 1　课程介绍

"光学"是物理专业的一门重要的核心基础课程,是专业必修课,通常对大二学生开设,共 3 学分 54 学时。这门课程有如下特点。首先,作为物理类基础课,其理论性比较强,对数学的要求也比较高,这是一个普遍性特点。其次,把它放到物理整个课程体系去看,它还有两个很突出的特点。第一,它上承力学和电磁学,下接原子物理和量子力学等课程,具有承上启下的重要作用。第二,在光学课程里接触到量子的概念,对物理专业的本科生来说,这是第一次。因此,光学课程是从经典物理到量子理论的一个重要桥梁。

问题 2　参加示范课堂活动的感受

参加这次活动,我觉得非常有意义,它给我们一线教师提供了一个交流学习、互学互鉴的平台。我们通过互相交流,可以共同提高教学水平,最终让学生受益。举例来说,我在准备参选材料的过程中,对自己多年来的教学作了一个全面的、非常认真的梳理。在交流展示的过程中,又和很多同行教师进行了非常深入的交流和研讨,收到了很多积极的反馈,也有很多有建设性的意见。我想这些对于改进自己的教学是非常有帮助的。

我个人进入翻转课堂的教学改革是比较早的。十多年来,我坚持通过翻转课堂的改革,把学生从传统课堂教学的舒适区推出来,让他们能够实现自主学习、自主构建知识架构。通过教学改革,我觉得课堂可以达到 3 个方向的转变。第一个是教学模式,从传统的以教师教授为主转变为学生自主学习为主;第二个是学生的学习态度,从要我学转变为我要学;第三个就是学生的学习能力,通过光学翻转课堂的学习和训练,学生从学会转变为不仅学会而且会学,这是我的课程改革所带来的变化。

问题 3　课程的创新性和示范性

我觉得可以对我的同行起到一些借鉴或是参考作用,抛砖引玉,至少可能有 3 个方面。

第一个方面是理念上的。翻转课堂和混合式教学大概发展了十多年,有些教师,特别是中西部的教师对此还不是很了解。我希望我的课程做一个具体案例,给他们一些直观感受,让他们慢慢地接触到翻转课堂的教学理念,即以学生为中心的理念,这是第一个可以参考的。

第二个方面是观念上的。我接触到很多教师,他们了解混合式教学、翻转课堂,但是并不接受甚至有些排斥。比如,有位教师说我的课是基础课,理论性很强,亲自讲授学生理解都有困难,怎么能让他们开展自主学习,等等。我的课同样也是基础课,也有相当的难度,我希望能够让这些教师有一个参考,让他们能够放下束缚,去吸取一些翻转课堂、混合式教学的有利的内容来改善他们的教学。

第三个方面是技术层面,也许最重要的就是教学设计方面。翻转课堂和混合式教学不是形式主义,也不是瞎折腾,而是要有符合教学规律、有符合课程内在逻辑的教学设计。最重要的一点就是要根据课程目标,把运用信息技术的手段、教学内容、学生活动和评测有机地融合起来,形成一个化学反应,让学生去自主学习、自主构建知识架构和全方位地发展能力。我希望我的课给我的同行,特别是小同行,在教学设计方面能够有一些启发和借鉴。

请扫码观看
管曙光的访谈

"光学" 课堂教学设计

一、课程名称

光学(荣誉课程)

二、节选课堂章节题目

第七单元——光的量子性:(一)黑体辐射、光电效应

三、课堂简要内容

本单元(3节课)内容包括:相对论和量子力学的兴起、黑体辐射、光电效应、康普顿散射、光子模型、波粒二象性、双缝干涉200年、量子相干、量子隧穿和量子纠缠、结束语。

四、教学目标

(1) 知识目标:能表述黑体辐射的两个实验定律,能分析和计算相关问题;能写出爱因斯坦光电效应方程,能分析和计算相关问题。

(2) 能力目标:通过深入学习光量子性的发现过程,提升思维和思辨能力,形成创新意识。

(3) 思政目标:了解人们认识光的本性的历史过程和量子力学的建立背景,认识物理理论的相对意义,掌握科学方法,树立唯物史观。

五、教学理念与策略

1. 教学理念

(1) 学生主体,教师引导,"以学生为中心"自主构建知识架构。

（2）以时代化的内容点燃内驱力，以混合式教学提升学习力，以科教融合培养原创力。

2. 教学策略

（1）注重衔接经典物理和量子理论。将前沿与经典相结合、理论与应用相结合，以相干性为主线，突出光的波动本性，既夯实经典物理的基础，又引入前沿最新科研成果，以拓宽视野、激发兴趣、启发思维，使学生抓住光量子理论发展的主线，突破经典物理观念的束缚，实现从经典物理向量子理论的思维过渡。

（2）有效应用混合式教学模式。充分利用信息技术，将线上学习、课堂讨论和课后探究进行深度融合；学生通过个性化学习、小组学习和探究式学习，自主构建知识架构，全面提升思维能力和创新能力。

六、教学实施过程

本单元教学包括两周。

第一周：学生在课前任务书的指导下开展自主学习（线上和线下，不进课堂），包括学习视频和讲义、完成课前作业和单元自测、小组讨论并反馈难点；教师"精准"备课、形成课件，然后指导学生一起准备课堂研讨。

第二周：学生进课堂讨论。以学生为主，教师引导，进行汇报、交流、探究、提高；课后学生完成作业和拓展学习。

本次课堂教学实施过程　第一节课　光的量子性——黑体辐射、光电效应

（1）教师讲解（课程引入）。回顾人类探索光的本性的历史，引入光的量子性；强调实验在物理学中的地位，将课堂引入对光的量子性实验的讨论。

（2）学生汇报和讨论。对黑体辐射实验定律的理解；理论联系实际，估算人体辐射的波长，了解测温枪原理。

（3）课堂讨论（学生课前学习提出的疑难问题）。物体只要有温度就有热辐射吗？

（4）教师讲解（难点）。普朗克如何提出能级量子化假设解决黑体辐射的理论困难，开启量子力学的新纪元？

（5）教师讲解（前沿进展）。宇宙微波背景辐射的发现过程，介绍前沿重要进展。

（6）学生汇报和讨论。对光电效应实验的理解，教师引导课堂讨论。

（7）学生汇报和讨论。爱因斯坦对光电效应的解释，教师引导课堂讨论。

（8）课堂讨论（学生课前学习提出的疑难问题）。能量子概念的理解。

（9）教师讲解（深入拓展）。爱因斯坦和密立根的诺奖工作，加深学生对光量子的理解。

七、教学目标达成度分析

（1）课堂设计理念。通过混合式教学设计，让学生先通过自主学习和小组讨论，初步认识物理现象和理解知识点，同时反馈难点和痛点；教师基于对学情的精准掌握再次备课，设计多种教学任务，驱动学生深入学习和探究，教师和学生共同备课。课堂研讨以学生为主体，教师引导学生进行展示、交流和探究，以加强物理图像的构建，训练学生的思维，全方位提升学生的学术能力，激发他们的原创力。

（2）教学实践效果。本次课堂是一节典型的翻转课堂教学过程。学生通过"自主学

习＋小组讨论＋课堂研讨＋课后探究"构建知识架构，能充分暴露错误概念，并有机会在课堂上进行深入研讨。"自主学习＋深度学习"使学生对物理规律的理解更加到位、物理图像更加清晰。此外，翻转课堂教学极大地促进了生生和师生之间的互动，不仅有利于培养学生的协作精神，而且有利于培养学生的质疑和批判思维。

光学翻转课堂迄今已开展了6届，教学评估（考试、评教、问卷等）数据表明，该教学模式能有效地达成知识、能力和思政教学目标。

八、教学示范意义反思

培养物理学创新人才最重要的是激发原创力。原创力的培养起点是通过兴趣激发学生的内驱力，通过合理的教学设计，促使学生自主学习以提升其学习力，通过科创以提高其研究力，最终达到激发原创力的目的。本次课堂的设计遵循这一教学理念：通过引入前沿成果，激发学生的兴趣；通过融合学生自主学习和课堂研讨，自主构建知识架构；通过将科研反哺教学、以前沿真实问题引导学生科创，从而有效地培养学生的创新意识和能力。

正如叶圣陶先生所言，"教学有法，教无定法，贵在得法"，任何教学模式和设计都有一定的局限性，翻转课堂的应用也要注意以下3个问题。

（1）翻转课堂对教师的知识能力、课堂应变能力和精力投入要求极高，不建议新教师和新课程开展。

（2）翻转课堂对学生的基础和素质（自主学习和自律）有一定要求。

（3）翻转课堂的难点在于将信息技术、教学内容、学习活动进行深度融合，如果课程重构和设计不合理，会容易流于表面形式，学生不能从中受益。

教师访谈及教学设计

访谈嘉宾　华东师范大学　孔　翔
访谈内容　"人文地理学"

问题 1　课程介绍

大家好,我来自华东师范大学地理科学学院。很荣幸,我负责的"人文地理学"课程能入选首批"上海高校示范性本科课堂"。人文地理学是研究地表人文事象空间分布、空间过程并预测其发展规律的科学。由于地球表层是人类家园的所在,人文地理学也被视为研究人类家园的学问。其主要研究对象被约翰斯顿概括为"一横一纵",即:在横向上重点研究不同地方之间的关系,在纵向上重点研究人与地理环境的关系。适应人文社会科学研究的空间转向以及全球化和全球变化的挑战,该学科业已展现出重要的理论创新和实践指导价值。

"人文地理学"课程是地理类专业重要的学科基础课,更是人文地理与城乡规划专业的入门课。目前在本科第一学期开设。课程的主要内容包括人地关系的基本理论以及人类文化、经济、社会与地理环境的关系,内容十分丰富。对于大一新生而言,挑战性比较大。而适应我校"人文地理学"国家和上海市重点学科建设的要求,本课程还必须积极服务于创新型学科后备人才的培养。

为此,我们首先重构了课程的内容体系,加强了对学科整体框架以及人地关系研究主线的教学,从而凸显了本学科作为研究人类家园学问的独特价值,也提升了学生对生态文明和地方发展问题研究的兴趣。为夯实学生的专业理论基础,我们通过"沉浸式"反思教学,引导学生沉浸于理论兴起的时代背景,以感受理论创新的内涵和价值。同时,结合国家和地方发展新的战略需求,指导学生学会对经典理论进行质疑和反思,并从中感受到中国智慧。

为了适应低年级学生特点,我们注重以"三段式"进阶训练培养学生开展学科相关实践问题的研究能力。比如,在此次展示的"文化景观承载的地域人地关系"一节的教学中,线上教学资源增加了微课视频"徽州文化景观的野外观察",为学生在课前分组研讨黟县宏村和吐鲁番吐峪沟村的典型传统文化景观提供借鉴,从而实现了课前的学与练。在实体课堂上,主要通过师生间基于课前研讨成果的讲和评,帮助学生提升对传统文化景观研究方法的认识。课后,还要求学生结合教材提供的信息,对新疆禾木村进行深度剖析。通过考与研,帮助学生巩固和提升分析传统文化景观的能力。

为了提升学生开展研究性学习的能力,也为发挥课程的示范效应,我们首创了跨校的混合式教学。依托"智慧树"直播教室,实现了跨校的师生互动和案例研讨,从而将新疆教师和新疆资源纳入案例教学,增进了学生对"一横一纵"的认识。不仅如此,还依托跨校的学习小组,构建起"三元一体"的学习模式,提升了学生的自主学习能力和团队合作意识。

此外,我们的混合式教学还包含野外实习和合作课题研究。通过指导各组学生在上海进行景观观察,以及就日常生活中的鲜活人文地理问题进行合作研究,不仅帮助学生获得了较为完整的研究体验,还促使学生在生活实践中感受到民生需求,厚植了家国情怀。

问题2　参加示范课堂活动的感受

通过参与本次教学展示交流活动,我不仅有机会学习到兄弟高校优秀教师的教学经验,更重要的是,也对自己的课程教学有了新的反思。

我深刻感受到"教无定法,贵在得法"。不同课程教学目标不同、学情不同,教师有必要"因课施教",采用灵活的教学手段和教学方法以克服课程教学中的真问题。另一方面,"教必有法"。高校教师同样需要以正确的教学理念为指导,重视以学习为中心,做好教学设计,以提升课堂效率和课程质量。

问题3　课程的创新性和示范性

本课程的教学创新活动,主要贯穿着如下3个方面的特色教学理念。

一是凸显价值。重视以学科内涵和价值的充分展现,增进学生的学习研究兴趣,以更好地实现情感和价值观层面的教学目标。

二是注重能力。注重以多元教学平台的混合使用,提升学生的自主学习和合作学习能力,以及运用所学探究专业相关实践问题的能力。

三是推动共赢。依托跨校混合式教学,丰富了教学资源,创设了新的教学情境,不仅有助于课程层面的对口支援落到实处,也产生了合作共赢的效益。

希望这些对其他课程具有借鉴价值。

请扫码观看
孔翔的访谈

"人文地理学"　课堂教学设计

一、基本信息

课程名称:人文地理学
章节题目:文化景观承载的地域人地关系
授课形式:混合式教学
授课对象:本校和对口支援学校人文地理与城乡规划专业一年级本科生

二、课程内容分析

本节课主要是以线上学习为基础,师生共同探究"文化景观承载的地域人地关系"。这主要对应教材第三章第三节第三部分的内容(113—117页),包含"文化景观的地方特性与自然环境"、"文化景观的地域差异与自然环境"以及"文化景观反映自然环境特征的局限性"3个子标题。其中,前两个子标题的内容有助于学生分别从"一横"、"一纵"的视角认识"文化景观是自然环境的折射物",因为特定地域的文化景观正是当地人适应地理环境的智慧创造(这是地方性形成的重要机制),也包含着移民的先验经验随人口迁移而发生的扩散,不同地方的文化景观也很可能因为地理环境以及文化扩散等的影响而存在显著差异,因此较好地体现了以卡尔·索尔为代表的文化景观学派的主要学术思想,反映了人类社会在生产力水平较低阶段与自然环境的关系,这在地域传统文化景观的研究中能较好地得到体现。第三个子标题的内容主要强调"文化景观是多因素综合作用的结果",不仅有助于帮助学生避免陷入环境决定论的误区,也能增强其对地理学综合思维的认识。

所以,这节课的教学内容既是对导言、人地关系理论等的回应和提升,又是对历史时期人类文化与地理环境关系的深入研讨,能帮助学生激活相关知识点,加深对文化景观学派、经典人地关系理论等的认识,掌握地域传统文化景观研究的基本方法。在教学过程中,要引导学生结合对若干鲜活的地域传统文化景观的案例剖析,开展超越知识点的教学,以增强学生的地理学综合思维和区域认知力,增进其对中华优秀传统文化中蕴含的生态智慧的认识。

三、教学目标

(1)知识层面:知晓地方性的内涵;加深对文化景观、文化景观学派等的理解;掌握地域传统文化景观研究的基本方法。

(2)能力层面:能分析典型地域传统文化景观承载的人地关系,评价其中蕴含的生态智慧;能结合对不同地方传统文化景观的比较分析,加深对人文地理学"一横一纵"研究的理解。

(3)价值观层面:通过解读典型地域传统文化景观所蕴含的人地关系智慧,增进对习近平生态文明思想相关论述的理解和对中华优秀传统文化的情感;通过学习、比较不同地域的传统文化景观,增强中华民族共同体意识;结合对文化景观学派的反思,接受批判性和创造性思维的训练,加深对学科研究对象和价值的理解。

四、学情分析与教学重点、难点

修读本课程的两校学生已经通过导言等的学习,基本掌握了人文地理学的研究对象、研究主线和概念框架,并对文化景观学派有了初步认识;在上一节课,又结合案例研讨对文化景观的内涵、特性以及文化生态学等有了新的认识,这些都是本节课深入探究"文化景观承载的地域人地关系"的知识基础。不过,修读学生都是大一学生,在高中课业负担较重的条件下,储备的地理知识不多,虽对家乡的日常生活可能有较丰富的记忆,但对传统文化的理解有限,以往也较少能从生存和安全的层面来观察地域文化景观,同时,学生来自不同地方,因此难以对某一地域传统文化景观形成共识,主要还应由教师将科研成果转化为教学素材。此外,受援高校地处新疆,其自然环境和文化景观与内地差异较大,可以通过和新疆高校的教师共同准备相关案例,并引导学生开展比较分析,以增强学生探究地域传统文化景观的兴趣和能力。

在学习能力上，经过一个多月的学习，修读本课程的两校学生已经基本熟悉了混合式教学模式，能够主动参与在线学习和生生互动学习。特别是我校的修读学生，大多能做到课前自主学习慕课视频、教材和其他线上资源，参与在线主题研讨和小组讨论。不过，新疆高校的学生在参与在线研讨方面的积极性与我校学生有较大差距，这可能是因为其知识基础和学习习惯与我校学生不同，因此要在课前与新疆高校教师进行教学研讨，共同监督学生完成视频学习和在线测试任务，并指导好新疆学生的小组讨论。这是在实体课堂上组织案例分享等的基础。此外，我校学生的合作课题研究目前已经进入实地调研阶段，学生对日常生活中的人文景观已经有了探究兴趣，这也是本节课引导学生学习地域传统文化景观观察方法的有益条件。

总的看来，修读学生已经逐步适应了多元教学平台的混合式学习和生生互动学习，对文化景观、人地关系研究等也已经有了一定的知识基础。本节课关键要通过深度的案例研讨，引导学生加深对文化景观、文化景观学派以及地域传统文化景观研究方法的理解，并以能力培养为重点，指导其分析、评价典型地域传统文化景观承载的人地关系和生态智慧，进而对不同地方的传统文化景观开展比较分析，提升对"一横一纵"研究的认识以及对地方性的理解。因此确定本次课的教学重点为"掌握地域传统文化景观人地关系研究的基本方法"，教学难点为"结合对不同地方传统文化景观的比较分析，理解和评价文化景观学派的学术思想"。

五、教学理念与策略

1. 教学理念

本节课主要贯彻"以学生为中心"的教育理念，通过与学生共同学习、研讨典型地域传统文化景观所蕴含的人地和谐相处智慧，引导学生增进对"人文地理学作为研究人类家园学问"的理解，增强其地理学综合思维和区域认知力，提升其对生态文明、中华优秀传统文化、中华民族共同体等的认识。教学活动设计主要体现了本课程3个方面的特色理念：一是凸显价值，注重引导学生更好地把握学科核心概念、经典理论和研究方法，以全方位展示学科研究价值，由此增进学生的学习研究兴趣，从而有效地实现价值观层面的教学目标。具体到本节课，就是通过深刻解析文化景观学派的学术思想和研究方法，有效地呈现人文地理学"作为人类家园学问"的独特价值，以润物无声的方式寓价值观引导于知识传授和研究能力训练之中。二是聚焦能力，注重以多元教学平台的混合使用，提升学生的自主学习和合作学习能力以及运用所学探究专业相关实践问题的意识和能力。三是推动共赢，依托跨校混合式教学，不仅使课程层面的对口支援落到实处，而且使两校教师和教学资源实现共享，从而帮助学生更深刻地理解习近平生态文明思想、增进对中华优秀传统文化的认同和中华民族共同体意识、产生合作共赢的效果。

2. 教学策略

本节课的教学重点不仅体现了文化景观学派的主要学术思想，也体现了人文地理学以人地关系研究为主线的学科特点，还能帮助学生掌握研究日常生活中人文地理景观的基本方法，因而无论从知识或能力层面来看，都对学生专业"入门"具有积极价值。基于布鲁姆对教育目标分类研究的相关成果，考虑通过"三段式进阶训练"，提升学生结合特定地域的自然和人文地理环境，分析和评价地域传统文化景观特点、形成机制及其生态智慧的意识和能力。具体地说，课前不仅要引导学生自学在线平台资源，还要组织学生分组研讨黟县宏村和吐鲁番吐峪沟村的典型传统文化景观（课前学和练）；在课堂上主要通过分享、交流和点评，帮助学生提升对传统文化景观研究方法和研究价值的认识水平，并结合案例之间的比较分析以及不同地方的傣族民居、黔西南州的侗族和苗族聚落的案例教学，进一步拓宽学生的学术视野，增进其对"一横一纵"研究的认识（课上讲和评）；课后要求学生进一步结合教材和相关文献，对禾木村的传统文化景观进行深度剖析，以巩固和提升其分析、评价传统文化景观的能力（课后考和研）。

本节课的教学难点是要学生能对不同地方的传统文化景观开展比较分析，并由此提升对"一横一纵"研究以及文化景观学派的认识。因此考虑发挥跨校合作教学改革的优势，由两校师生分别将科研成果转化为案例教学素材，以黟县宏村和吐鲁番吐峪沟村的典型文化景观研究分享为基础，结合板书记录分享过程中师生交流的要点，引导学生开展比较分析。引导学生反思文化景观学派的学术思想，分组讨论如何研究非物质文化景观所承载的人地关系，培养学生的批判性思维和创造性思维。

实体课堂呈现的教学逻辑（图1）如下：从回顾文化景观的概念导入，基于索尔的经典定义获得文化景观可能承载地域人地关系的启示。结合对典型案例的剖析，发现地域传统文化景观体现了人地和谐相处的智慧，并具有整体性，从而建构起文化景观、地域人地关系以及地方性三者之间的基本逻辑，强调传统文化景观蕴含的地方性知识可能服务于区域生态文明建设，体现了传统文化的智慧与价值。在此基础上，通过对不同地方传统文化景观进行比较分析，发现它们既有明显差异，也可能存在内在联系（地方间关系），强调中华文化正是各民族在互动交流中适应地理环境挑战所创造的成果。最后，结合对文化景观学派学术思想的评价与反思，特别是结合对非物质文化景观在呈现人地关系方面可能价值的分组讨论，引导学生反思怎样的文化景观更多地承载了地域人地关系（历史时期的物质文化景观），文化景观研究如何避免陷入环境决定论。

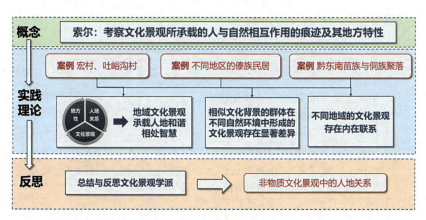

图1 实体课堂的教学逻辑

六、教学实施过程

1. 在线学习

（1）教学意图：依托SPOC平台，引导学生自主学习相关知识点，特别是结合"徽州文化景观的野外观察"微课视频,学习传统文化景观人地关系研究的方法及价值;指导学生以小组为单位,结合典型案例分析地域传统文化景观所蕴含的人地和谐相处的智慧,并做好课堂分享的准备。

(2)教师活动:为学生提供线上教学资源(表1),明确本次课的学习目标,提出具体的在线学习任务,并基于SPOC平台的学生学习情况,分析学生在自主学习和生生互动学习中存在的问题,以此作为备课依据。

表1　教师在SPOC平台提供的主要教学资源

资源类型	具体内容
慕课视频	3.10　文化景观的人地关系解读 3.11　徽州文化景观的野外观察(面向大众的MOOC课程未提供的视频) 3.12　文化景观的地域差异与地理环境 3.13　文化景观的地方特性
延伸阅读资料	地理学家卡尔·索尔
单元测验题	人类文化与地理环境(中)测试(主要是单项选择、多项选择和判断题)
小组讨论	两校学生小组分别选择黟县宏村和吐鲁番吐峪沟村的一个代表性文化景观进行学习研讨,分析其蕴含的人地关系,并做好课堂分享的准备。

(3)学生活动:观看慕课视频,完成延伸阅读、单元测验题,在"教师答疑区"就遇到的学习困难与教师进行互动交流,参与小组讨论,做好课堂分享的准备。

2. 实体课堂教学

实体课堂以学生为中心,在了解学生线上学习情况和回顾已学习内容的基础上,引导学生在共同的案例研讨中提升对地域传统文化景观研究和文化景观学派的认知水平,掌握传统文化景观研究的基本方法,并接受思维训练,进而增进对中华优秀传统文化的自信和中华民族共同体意识(表2)。

表2　实体课堂的教学过程

教学内容	教学流程	教学方法	教学意图
在线学习测试与互动交流(约2分钟)	学生完成慕课堂测试;教师反馈学生慕课堂测试及在线学习情况;回答学生线上学习中存在的问题。	以慕课堂测试为基础师生互动交流。	就学生自主学习情况进行互动交流,引入本课时教学目标。
回顾与导入(约5分钟)	以提问方式复习文化景观的概念,导出本次课探究"文化景观承载地域人地关系"的理论基础和价值。	以教师在复习过程中的提问为基础,开展师生互动交流。	加深学生对索尔文化景观概念的理解;阐释本节课的主题。
文化景观的地方特性与自然环境(约15分钟)	两校师生共同分享课前有关宏村和吐峪沟村典型传统文化景观的讨论成果,结合板书记录要点(自然环境特点、机遇与挑战、人类智慧等);进行交流、点评,着重强调研究方法的内在逻辑以及传统文化景观在地方性形成和区域生态文明建设中的价值。	小组课前讨论成果的课堂分享与两校师生间互动交流,教师点评。	增强学生研究地域传统文化景观的意识和能力;学会评价其中蕴含的生态智慧。

(续表)

教学内容	教学流程	教学方法	教学意图
文化景观的地域差异与自然环境(约10分钟)	结合板书,引导学生比较宏村和吐峪沟村的典型传统文化景观(如民居、水系等);结合教材的案例(西双版纳和哀牢山下的傣族民居、黔西南的苗族和侗族聚落),强调文化扩散对地方传统文化景观的影响。	教师引导学生共同开展案例比较分析,指导学生反思文化扩散与文化景观研究的关系。	通过克服教学难点,加深学生对人文地理学"一横一纵"研究的理解;增进其中华民族共同体意识。
文化景观反映自然环境特征的局限性(约10分钟)	组织学生回顾和评价文化景观学派的学术思想;指导学生分组讨论如何研究非物质文化景观所承载的人地关系。	师生共同回顾、研讨相关知识点,学生分组讨论非物质文化景观反映人地关系方面的特点。	结合学术论战,培养学生的批判性和创造性思维;增进其对主观能动性的理解。
课堂总结(约3分钟)	结合板书,简要回顾课程内容,阐释其内在逻辑和学科价值;进行慕课堂测试,了解目标达成度;结合讲解课后思考题,回应课程教学目标;结合对文化景观学派研究的反思,引出下一个单元的主题"文化景观的意义解读"。	慕课堂测试;教师总结并指导学生进行复习和预习。	结合课程的授课逻辑总结课程内容,帮助学生提升对相关知识点的认识水平,了解课堂阶段的目标达成度;指导学生课后学习。

七、教学目标达成度分析

本课程重视通过观察学生在多元教学平台进行学习、研究的情况开展教学评价,本课时教学目标的达成情况也需要基于多元化的评价方式(表3)。其中,知识层面的评价主要基于微课视频学习、SPOC平台的在线测试以及实体课堂的慕课堂测试(课前测试主要为考核学生自主学习的真实效果,下课前的测试主要考查学生在能力和价值层面的提升情况)。此外,也体现在基本概念层面的课后思考题中。能力层面的考核与几乎所有评价方式相关,学生在课前小组研讨、实体课堂案例分析参与以及下课前慕课堂测试的情况,能及时呈现部分能力目标的达成情况。价值观层面的目标达成度主要依靠主观性评价,因此课前的小组研讨、实体课堂的案例教学以及下课前的慕课堂测试题都选择了与价值观养成、思维训练相关的材料,可以帮助检验课程思政的成效。不仅如此,本课时的教学目标达成情况最终会体现在后续野外实习教学的任务完成情况以及合作研究课题的完成情况中。

表3 教学目标与评价方式的对应关系

课程目标 \ 评价方式	微课视频学习	SPOC在线测试	课前小组研讨	慕课堂测试题	实体课堂参与	课后思考题	野外实习教学	合作研究课题
知识层面教学目标	√	√		√		√		
能力层面教学目标	√	√	√	√	√		√	√
价值观层面教学目标			√	√	√	√	√	√

根据 SPOC 平台记录的数据,本节课课前需要学生学习的 4 段视频,本校学生的平均学习时长均多于视频的时长,其中,"徽州文化景观的野外观察"视频时长为 12 分 47 秒,学生线上学习的平均时长为 17 分 35 秒,除助教和跨专业修读的学生外,只有 2 位同学未在课前观看。从本单元的在线测试来看,本校学生参与率为 107%,优秀率为 89%,平均得分为 93.6 分。显示我校学生在线学习的情况较好,教学目标达成度较高。

在实体课堂教学中,课前的慕课堂测试两校共有 66 人参与,其中满分 27 人,90 分以上的有 34 人,不及格的 19 人中我校学生为 2 人。下课前的慕课堂测试共有 70 人参与,其中满分 41 人,不及格的 7 人中我校学生为 2 人。同样显示实体课堂教学的目标达成度较高。

从实体课堂上小组的课前讨论成果分享、师生互动以及课堂上的小组讨论情况来看,学生的总体参与率较高,学生大多表现出较高的学习积极性,而随着实体课堂教学的深入,学生对本节课内容的掌握程度也明显提升。下课后,我校有个别学生进一步就课后思考题与教师进行了互动。虽然本次课的课后思考题不是学生必须完成的过程性作业,但我校仍有近 10 人提交了禾木案例的学习成果,并与教师、助教进行了互动。

总的来说,本次课较好地发挥了跨校混合式教学的优势,师生互动的效果不错,教学目标的达成度高。

八、教学示范意义反思

遵循本课程依托跨校混合式教学助力学生分层级实现专业入门的教改思路,本次课可供同行借鉴、共享的经验主要体现在如下 3 个方面。

一是凸显价值,注重通过引导学生更好地把握学科基本概念、经典理论、重要研究方法等,增进其对学科研究价值的认识和学习研究兴趣,这有助于其养成自主和合作学习习惯。具体到本节课,就是要帮助学生以增进对文化景观学派的认识为基础、逐步养成运用所学探究生活中的人文地理现象的意识和能力。因此既注重对文化景观学派等经典理论的教学(增进学生对学科概念、理论等的认知),更重视帮助学生较好地掌握传统文化景观的野外观察方法(加深对研究方法和学科价值的理解),注重学生主体、教师主导,促进课堂翻转。

二是聚焦能力,注重以多元教学平台的混合使用,提升学生运用所学探究专业实践问题的意识和能力。因此不仅精心设计了线上学习资源,注重发挥学习小组的特色功能以及激活实体课堂在超越知识点的思维训练方面的独特价值,还通过"课前学与练"、"课上讲与评"、"课后考与研"的"三段式进阶训练",帮助学生较好地掌握了传统文化景观的研究方法,逐步养成了其探究专业相关实践问题的能力。

三是推动共赢,主要基于跨校沉浸式空中课堂,让两校师生共同参与学习、研讨,不仅丰富了案例教学资源,也增进了学生的中华民族共同体意识。而两校总体相似、但又各具特色的线上学习平台以及跨校教研活动等,则有助于提供差异化的课外辅导,克服由于两校学情和人才培养目标不同所带来的挑战,较好地发挥了新的教学情境和同辈间"比学赶超"在提升教学质量方面的积极效应。

此外,课程设计既从总体上把握教学进程、又适当留白以适应学生特色学习需求的做法也可能具有借鉴价值。

从本节课的教学实践来看,还有不少需要改进之处,最突出的有 3 点:一是从在线学习

平台的数据来看,两校学生课前在线学习的情况差别较大,这可能不利于发挥空中课堂的积极效应,因此需要教师更多地在课前督促受援高校学生做好在线学习;二是从慕课堂的测试情况以及学生的课后反馈来看,有个别学生未参与或在提交答案环节出错导致得分很低,这显示还要提升一年级本科生对现代教育技术的适应水平;三是从实体课堂师生互动的情况来看,学生在教材研读等课外学习环节仍存在一些教师预料之外的困难,这就要求教师更多地与学生进行面对面的答疑解惑,同时,在课堂教学中设计更多留白,以便及时发现学生在线学习中存在的问题。

华东理工大学

学校交流

访谈嘉宾　华东理工大学教务处副处长　万永菁

问题　学校课程培育和提升教师教学能力的举措

各位老师好！我是华东理工大学教务处万永菁老师。

在进一步提升学校教师整体的教育教学能力、培训可持续发展的教师队伍方面，学校近年来着力于探索和实践教师教育教学能力提升的途径，从研究教情入手，明确教师教学能力培训的目标，通过建章立制，加强教学培训的组织完善，精准施策，形成合力，构建符合时代人才培养要求的培训体系。

我们分层设计了符合教师不同发展阶段需求的培训内容，不断完善培训体系的闭环反馈机制，激发教师自我提升的意识，实现提升人才培养质量的目标。

我们的培训包括了基础培训和进阶培训两个层次。基础培训主要是讲解和落实教学规范，学校制作了系列教学规范解读的视频，包括课程教学大纲、教学日历的撰写说明、课程思政教学说明，以及教学设计规范、课堂教学规范、实验实践教学规范等。

依托学校多层次信息化学习平台，教师通过自主学习掌握课程教学的基本规范与要求。为了帮助教师们提升教育教学质量，学校还特别设计了进阶层次的培训活动。近几年，教务处和校工会联合举办了多期青年骨干教师教学能力提升培训班，我们简称"青提班"。"青提班"的培训计划涵盖了教学方案设计、教学创新成果报告撰写、课程思政案例设计、PPT课件制作技巧、课堂教学的教风仪态展示等一系列的内容。我们的"青提班"出了很多位在教创赛和青教赛的国赛和市赛中获奖的选手，"青提班"已经成为助力青年教师提升教学水平的一个非常好的学习交流平台。

此外，学校依托课程建设与教学改革立项建设的契机，开办各类有针对性的培训活动，帮助教师们制定课程建设计划、提升教育教学研究能力，引导教师们打造具有高阶性、创新性和挑战度的金课。学校十分重视课程思政的建设工作，除了积极组织校内的培训活动之外，我们还主办一些课程思政的研讨会，与校外同行一同交流分享课程思政的建设经验。

学校近年来在教师教育教学培训方面取得了非常好的成绩，学校新增国家级一流本科课程40门、上海市一流本科课程47门。在课程思政建设方面，获评教育部课程思政示范课程2门、上海市课程思政示范课11门，3门课程上线人民网"人民公开课－课程思政"专栏，6门课程思政微课登录学习强国平台，起到了很好的示范推广作用。

  学校近年来在教创赛和青教赛上也取得了丰硕的成果。在国家级教学创新大赛中,尹舜老师、林轶南老师、吴艳阳老师分获全国赛的一等奖、二等奖和三等奖。在第三届上海市教创赛中,我们又有3位老师脱颖而出,获得了特等奖。青教赛上我校的冯净冰老师获得了上海市特等奖和国家级一等奖(第2名)的历史最好成绩。学校在各大赛事上屡获佳绩,充分说明了我们的培训工作扎实有效。

  初心如磐,笃行致远。未来,学校的教师教育教学培训工作将继续以质量建设为抓手,深化改革,营造出崇尚优质教学效果的氛围,提高教师教育教学能力,提升人才的培养质量。

请扫码观看
万永菁的访谈

教师访谈及教学设计

访谈嘉宾　华东理工大学　吴艳阳
访谈内容　"化工原理"

问题 1　课程介绍

我是华东理工大学吴艳阳,主讲"化工原理"。这门课程是化工类专业的一门重要的工程基础课,一共有 6 学分,分两学期完成。这门课程作为化工类专业的第一门工程基础课,是联系基础课和专业课的重要的桥梁,对学生的工程思维和工程能力的培养起着至关重要的作用。

问题 2　参加示范课堂活动的感受

参加示范课程的评选给了我重新审视"化工原理"这门课程以及课程教学的一次机会。一门生动高效的课堂,需要我们构建一个自编自导、师生共演的互动式教学环境。教师在这个过程中既要做编剧,又要做导演,还要做道具师,要把整个课堂的活力激发起来。在这个基础上,我们还要进行改良,即课程的持续改进,以及教师要做好课程的一个"度量尺",才能实现迭代式的提升。

在课程展示的过程中,我们的课程主要面向青海大学、石河子大学的教师进行展示。与其说是教学展示,更多的是我自己的学习和提升。在这个过程中,我查阅了大量文献,以及包括新工科、工程教育、拔尖人才培养以及教育部的一些相关文件。我发现我们整个高等教育其实处在一个大发展、大改革的重要时期,对人才的培养也提出了一些新的要求。比如,像前面一直在讲的人工智能 ChatGPT,实际上对高等教育提出了新的要求,而人才培养的一个需求侧——产业和行业的结构性变革,也对我们高等教育提出了新的要求。这些新的要求是要求我们培养多学科的、交叉融合的、信息化的以及创新型的人才。2022 年高等教育世界大会也提出要求重塑高等教育,才能实现可持续的教育未来,要求我们跳出教育看教育。习总书记也提出要求,培养什么人、怎样培养人、为谁培养人是我们教育的根本性问题,这在党的二十大也提出了。这些大的背景使得我们在进行课程建设和课程教育教学的过程中更加重视人才培养。

问题 3　课程的创新性和示范性

"化工原理"这门课程起源于建校之初。1952 年,苏元复先生编译了第一本国内的《化工原理》教材,开创了国内"化工原理"教材编译和课程教学的先河。在这个基础上,陈敏恒先生也编译了国内改革开放后的第一部《化工原理》教材。经过 71 年"化工原理"课程的传承和发展,课程目前已经发展成为国家精品课程、国家精品资源共享课程和国家级一流本科课程。

  这门课程目前通过逐步的创新教学改革,可以体现在3个融合上。第一个是融合学科前沿。我们采用项目式教学,以项目为整个课程的主线,在这个过程中把学科前沿、科研案例,还有一些工程实践融入我们的课堂教学,以学生为中心、教师为主导、项目为主线来开展教育教学,培养责任担当的时代新人。

  第二个是融合信息技术。在教学内容上,融合了 Aspen 和 Fluent 这些模拟软件,去解决一些具体的实际工程问题;在课程资源上,融合了慕课和国家级仿真软件;在教学方法上,融合了雨课堂和智慧教室等。信息技术的融合使得我们的课堂更具立体化、生动化。

  第三个融合是融合课程思政。因为我们是进行项目式教学,课程思政的可评价性其实是比较弱的,所以我们将无形的课程思政融合到有形的项目式教学。在学生实施的过程中,通过对学生的实践行为、实践过程加以引导,使课程可评价,也可以使得育人功能更强。因此,"三融合"使得"化工原理"课程一直处于先进地位,并希望在这个方面继续发展壮大。

请扫码观看
吴艳阳的访谈

"化工原理" 课程教学设计表

	一、课程基本信息及课程资源							
课程基本信息	课程名称	化工原理	课程性质	□公共必修　□公共选修 ■专业核心　□专业必修 □专业选修　□实践教学				
	学　　分	6	总学时	讲授	线上	上机	实践	
	执行学期	大三(上)	96	96	/	/	/	
	授课对象	化学工程与工艺等专业						
	授课章节	第9章9.9节						
	授课形式	■课堂授课		授课时长		45分钟		
	课程教材	陈敏恒等.《化工原理》(上、下)(第五版).化学工业出版社,2020						
课程资源	参考书目	[1]化工原理自测题(华东理工大学出版社,2016) [2]化工原理学习指导与习题精解(化学工业出版社,2015) [3] Warren L. McCabe, Juliann C. Smith, Peter Harriott, *Unit Operations of Chemical Engineering*(第6版)(化学工业出版社,2003)						
	学习资源	[1]课程平台线上视频、课程平台线上弹题及章节测试题 [2]观看央视纪录片《大国重器》"中国空分装备"						

(续表)

课程资源	学习资源	[3] J. A. Vazquez-Castillo, J. A. Venegas-Sánchez, J. G. Segovia-Hernández, et al, Design and optimization, using genetic algorithms, of intensified distillation systems for a class of quaternary mixtures. *Comp. Chem. Eng.*, 2009, 33: 1841-1850. [4] O. O. Chinedu, A. A. Thomas, Design of dividing wall columns for butanol recovery in a thermochemical biomass to butanol process. *Chem. Eng. Process*, 2015, 95: 302-316.

二、教学目标

1. 教学目标1(思政育人)

了解精馏前沿研究领域、安全生产和节能策略，培养绿色工程理念和家国情怀。

2. 教学目标2(工程知识)

略。

3. 教学目标3(问题分析)

能运用精馏的基本原理，借助文献研究，分析精馏过程的影响因素，以获得有效结论。

4. 教学目标4(设计/开发解决方案)

能基于对双组分精馏过程的理解，进行精馏过程的设计或方案选择。

三、教学活动设计思路与策略

1. 教学活动设计思路(教学内容实际)

(1) 课前导学(课前项目导入)。

◆ 提前布置课堂讨论的工程案例，学生进行文献调研和案例分析。

◆ 提前布置学生汇报"精馏节能技术"。

◆ 根据课前导学部分的学情分析结果，设计师生互动知识点思考题，各小组推荐生生互动讨论题(教师团队在课前对生生互动讨论题进行遴选)。

(2) 课中互动(课中项目实践)。

◆ 以学生为中心，明确课程目标与能力培养。

◆ 讲解思维导图，明确课程核心内容框架。

◆ 借助信息技术，采用雨课堂小练习进行知识点回顾及过程评价，检查学生的知识掌握情况，激发学生兴趣。

◆ 融合信息技术，讲述Aspen软件模拟，明确工程设计和研发过程中精馏过程开发的实际方法，明晰课程学习的目的。

◆ 讲解课程重点和难点，归纳总结精馏过程的工程观点，对关键知识要点进行深入剖析，帮助学生理解精馏过程开发相关问题。

◆ 通过抢答、互动提问与讨论等形式激励学生参与讨论，对工程问题进行分析、提出解决的措施、选择合适的方案。

◆ 通过学生汇报，明晰精馏节能的重要性和节能技术要点。

(3) 课后进阶(课后项目进阶)。

◆ 课后拓展：结合本章精馏知识点，通过查阅文献、自主开展实践项目的研究工作，采用Aspen软件设计精馏过程的流程方案，并解决设计相关问题。

2. 理念与策略

针对学生专业信心不足、工程思维和工程能力不强、学习路径和评价方式单一等教学"痛点"问题，课程团队秉持"德育为先、学生中心、研学融合、持续改进"的教学理念，以学生为主体、教师为主导、项目为主线，通过"课前项目导入-课中项目实践-课后项目进阶"，融合课程思政、信息技术和学科前沿，强化高阶认知和高阶能力。在具体课程设计中，做好课堂"编剧""导演""道具师""融合剂""铸魂师""度量尺""改良剂"，实现教学质量不断迭代提升。主要策略包括：

◆ 以学生为中心：教师结合课堂小练习和工程案例分析，围绕学生能力培养，突出精馏设计和操作中的工程方法，凝练工程观点，培养工程思维和绿色工程理念。

（续表）

课后书面拓展	校企合作项目
已知某企业C10重芳烃混合物的组成，拟采用精馏分离获得3种四甲苯的同分异构体，试完成： （1）Aspen软件模拟计算步骤； （2）该采用何种热力学参数； （3）优化精馏参数，包括理论塔板数、回流比等； （4）计算精馏过程能耗。	表1　C10芳烃主要组成 | 名称	含量/wt%	沸点/℃	熔点/℃ | |---|---|---|---| | 异丁苯 | 0.5 | 172.8 | −51.7 | | 间甲基异丙苯 | 0.2 | 175.4 | −63.9 | | 对甲基异丙苯 | 0.7 | 177.2 | −67.8 | | 1,3-二乙苯 | 1.6 | 181.1 | −83.9 | | 1-甲基-3-正丙苯 | 3.0 | 182.2 | - | | 1-甲基-4-正丙苯 | 2.8 | 183.3 | −62.8 | | 正丁苯 | 3.6 | 183.3 | −87.8 | | 1,2-二乙苯 | 2.5 | 183.4 | −31.7 | | 1,3-二甲基-4-乙苯 | 4.0 | 183.8 | - | | 1,4-二乙苯 | 10.8 | 183.9 | −43.3 | | 1-甲基-2-正丙苯 | 1.8 | 183.9 | - | | 2-甲基茚 | 3.5 | 186.1 | - | | 1-甲基茚 | 1.3 | 187.2 | - | | 1,4-二甲基-2-乙苯 | 4.7 | 186.8 | −53.9 | | 1,3-二甲基-4-乙苯 | 6.0 | 188.3 | −62.8 | | 1,2-二甲基-4-乙苯 | 9.6 | 190.0 | −67.2 | | 1,3-二甲基-2-乙苯 | 1.0 | 190.0 | −16.1 | | 1,2-二甲基-3-乙苯 | 4.1 | 193.9 | - | | 均四甲苯 | 8.0 | 196.1 | 73.4 | | 偏四甲苯 | 12.7 | 197.8 | −23.9 | | 茚 | 2.9 | 201.7 | - | | - | 13.4 | 201.7 | - | | 连四甲苯 | 5.3 | 205.0 | −6.1 | | 萘 | 5.8 | 217.8 | - | | α-甲基萘 | 1.4 | 241.1 | 34.6 | | β-甲基萘 | 0.7 | 244.4 | −30.5 |

　　◆融合信息技术：借助雨课堂在线工具，将互动思考、分析解决问题、方案选择等有机融入课堂教学，有效提升学生的课堂参与度和获得感，激发学习主动性；讲解 Aspen 软件在精馏开发中的意义、方法和过程，并布置课后拓展，进一步提升学生分析和解决工程实际问题的能力。
　　◆项目式教学：将学科前沿和工程案例等融入课程教学，通过"课前项目导入-课中项目实践-课后项目进阶"，结合校企合作项目和自身科研研究，培养学生工程思维以及解决实际工程问题的能力。

四、教学重点和难点

1. 教学重点
◆ 精馏工程案例分析
◆ 精馏节能意义及技术
2. 教学难点
◆ 分隔壁塔精馏的节能原理

五、主要教学内容及其教学方法

1. 教学内容与安排
本次课程覆盖第 9 章 9.1 至 9.7 节相关内容的工程案例分析以及 9.9 节的内容，教师深入解析教学重点和难点，将 PPT、雨课堂与板书有效结合，以项目式教学为主线，设计师生互动、分组讨论、知识点回顾、课堂小结等环节。
（1）课程知识导图，明确章节架构和课程目标。
◆ 讲解部分：包括章节思维导图、本节教学目标。
（2）知识点回顾，检验知识掌握情况。
◆ 雨课堂练习：设置雨课堂练习题进行知识点回顾，学生用手机回答弹题，求理论板数时 N_T 与下列参数中____无关？激发学生学习主动性。
◆ 学生汇报：讲述 N_T 计算方法，辅以板书画图。
◆ 教师补充与提升：学习精馏工程设计实际采用的方法，即 Aspen 软件模拟，并讲述 Aspen 软件模拟的主要步骤和关键，在培养学生工程思维的同时，为今后进行工程设计和实践奠定基础。同时，让学生了解工程中采用的方法与"化工原理"课程重点强调的方法之间的区别和联系。
◆ 课后拓展：采用 Aspen 软件进行精馏过程模拟。
课堂测试题目：学生手机微信扫描雨课堂解题，教师讲解实际工程应用。
（3）工程案例分析，培养工程思维和工程方法论。
◆ 师生互动、雨课堂练习：通过工程案例1(全回流操作)，设计学生抢答和补答提问、雨课堂练习环节，全回流操作的原因是什么？精馏塔开工时都可以采用全回流使塔操作尽快稳定吗？
教师补充：讲述不适宜采用全回流操作的情况，引出精馏过程中的安全问题，说明"安全生产重于泰山"。

(续表)

工程案例 1　安全生产重于泰山

示例：丁二烯精馏塔中含微量乙烯基乙炔，在开车时一般不采用全回流操作

乙烯基乙炔：
· 遇空气易发生燃爆
· 高温高分压发生分解爆炸

1969年美国TEXAS碳四车间因乙烯基乙炔引起火灾和分解爆炸系列事故

2000年中国锦州混合碳四球罐着火爆炸事故

◆ 分组讨论、学生抢答：通过工程案例2(进料位置设计)，设计分组讨论、学生抢答环节，某工厂采用精馏分离过程，原料组成波动非常大，如何设计？

教师补充：实际精馏塔的进料口设置在两个及以上。

◆ 师生互动：通过工程案例3(产品质量提升)，设计推荐代表回答，甲醇合成产品中含有乙醇，采用精馏进行分离，而甲醇产品中乙醇含量过高，如何解决？

各组推荐代表回答，从过程本质考虑，如何进行精馏过程的优化？从精馏设备考虑，如何提供尽可能大的传质系数和传质面积？

◆ 视频学习：播放央视纪录片《大国重器》"中国空分装备"(节选)，让学生了解精馏设备优化前沿研究，以及我国在卡脖子技术方面的突破，培养家国情怀和绿色工程理念。

(4) 精馏节能分析，培养绿色工程理念。

◆ 练习部分：①采用雨课堂提问，精馏在化工分离过程能耗的占比(全球范围内)(课前线上给定学生几篇参考文献，学生通过文献查找精馏能耗占比)？②采用雨课堂提问，大约_____%的化工分离过程，拥有精馏单元操作？引出降低精馏能耗的重要性。

◆ 学生汇报：讲述精馏节能的重要性及降耗技术。

◆ 教师讲解：补充精馏节能技术及其在解决卡脖子技术中的重要作用。

(5) 分隔壁塔精馏，了解精馏学科前沿领域。

◆ 教师讲解：结合自身科研经历，重点讲述分隔壁塔精馏技术及节能原因，提出做"绿水青山就是金山银山"的践行者。

2. 生生互动环节

(1) 活动形式。

课程班级分小组，每个小组5～6位学生，队名由每组学生商量后确定(也可直接按小组序号编组)。要求每组学生参与课堂讨论。

(续表)

(2) 本节生生互动环节。
◆ 工厂采用精馏分离过程,原料组成波动非常大,如何设计?
讲解提示:通过分组讨论,推荐学生回答,引出实际工程问题与课程中理想化处理的差异性,并提出解决方法。启发学生面对实际问题,应灵活应用知识点进行分析。

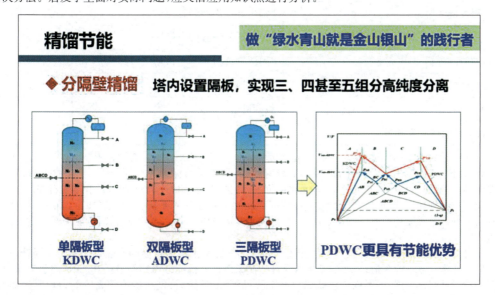

3. 师生互动环节
为了提升学生问题分析和方案设计能力,每节课都设计了师生互动思考题。教师课前适当增补部分思考题,课堂上开启学生抢答或讨论。本节课的思考题为加深课程重点知识点的理解而设计,有一道针对精馏的设计型计算,有 2 道针对精馏过程的开发。
◆ 设计型计算 N_T 的方法?
讲解提示:(1)逐板计算法;(2)图解法;(3)捷算法。
引出实际精馏过程开发中采用 Aspen 软件模拟,并详细讲解 Aspen 软件模拟步骤及关键点,使课程教学更为生动,激发学生学习的兴趣,并进一步提升学生分析和解决工程实际问题的能力。
◆ 全回流操作的原因是什么? 精馏塔开工时是否都可以采用全回流使塔操作尽快稳定?
讲解提示:(1)开工;(2)调试;(3)实验研究。
通过不适宜采用全回流操作的情况,说明精馏过程中的安全问题,引导学生理解化工过程安全的动态性和可预测性,提出"安全生产重于泰山"。
◆ 有哪些产品质量提升的方法?
讲解提示:(1)从过程本质考虑;(2)从精馏设备考虑。
注重多种分析角度与思路的讲解,通过讲解深入理解精馏过程优化方法,学会有效的工程处理策略。

（续表）

4. 课程思政育人要点

◆ **家国情怀**：由央视纪录片《大国重器》中的10万等级空分装置视频节选，引出中国精馏技术的领先研究，帮助学生增强国家认同、坚定文化自信。

◆ **绿色工程**：借助分隔壁塔精馏引入精馏前沿研究，让学生认识分离技术在解决人类面临的资源和环境问题，推动高新技术发展，实现人类文明的绿色、可持续发展中的应用潜力。

六、教学实施过程(45分钟)

具体教学内容	教学方法	课时(分钟)
1. 教学目标、课程知识导图	教师讲解	≈1.5
2. 精馏章节知识点回顾	"雨课堂练习＋互动问答"	≈3.5
3. 知识点拓展：Aspen软件模拟	教师讲解（雨课堂）	≈5.5
4. 工程案例1讨论	"师生互动＋雨课堂练习＋案例展示"	≈7
5. 工程案例2讨论	"分组讨论＋学生讲解＋教师补充"	≈4
6. 工程案例3讨论	"师生互动＋教师补充"	≈9
7. 央视纪录片《大国重器》(节选)	"视频播放＋教师讲解"	≈2
8. 精馏节能分析	"雨课堂练习＋学生讲解＋教师补充"	≈8
9. 分隔壁塔精馏（新型精馏技术）	前沿讲解	≈4
10. 本讲小结	教师讲解	0.5

七、教学目标达成度分析

本次课的教学目标包括思政育人、问题分析和设计/开发解决方案。通过完善"学生中心、多元化、规范化"评价机制，强化基于学习情况的过程性评价，开展教学目标的达成度分析。其中育人目标依托课堂互动、作业和项目汇报开展评价，多元化评价主体包括教师（组）评价、生生互评和学生自评。

通过教学创新实践，根据学生课堂汇报精馏节能的重要性及降耗技术、雨课堂提问，检验学生对精馏在化工分离过程能耗的占比的了解情况，并明确通过课前项目导入，学生对精馏节能降耗的重要性的理解程度。

通过教学创新实践，采用问卷调研分析（图1），100%的学生认为自己的专业自豪感明显提升，甚至转而坚定在本专业继续深造；87%的学生认为自己在课程育人目标方面均明显提升；89%的学生认为自己学习积极性明显增强；89%的学生认为自己工程思维、工程能力、创新能力等高阶能力均明显提升。同时，学生能力达成度近3年持续提升（图2）。

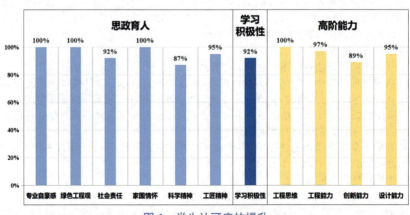

图1 学生认可度的提升

(续表)

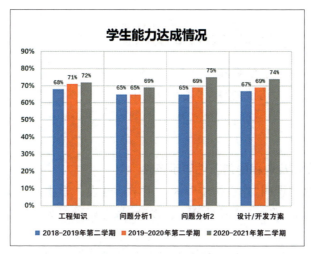

图 2　学生能力达成度

部分学习心得摘录：未来求学之路的转折点，有了企业家思维，使国家级大创项目顺利开展。

八、教学示范意义反思

通过教学示范，教师能够梳理并更好地建立科学的现代化教学理念，并将自己的新理念自觉转化为教学行动。提高教师自我教学意识，增强自我指导、自我批评的能力，并不断冲破经验束缚，对教学诊断纠错创新。作为教师变革和创新的手段，提高课堂教学效益，实现教育教学最优化。

通过教学示范，能整体推进教学质量的提升。通过将教学经验、课程建设成果和资源分享给其他教师，推动教学改革，落实立德树人根本任务。

通过教学示范，能够构建教学展示交流平台，为广大教师打造互学互鉴的教研交流平台，实现共同进步。

教师访谈及教学设计

访谈嘉宾　华东理工大学　尹　舜
访谈内容　"建筑初步"

问题 1　课程介绍及课程的创新性和示范性

大家好！我的这门课叫"建筑初步"，大一下学期开设。学生一年级上学期学的都是基础课，到下学期要开始做设计，这就是第一门设计课，可以称之为学生进入大学后的设计启蒙课。

"建筑初步"这门课的历史非常长，是建筑学的基础课程。但我校开设这门课程的是环境设计专业，这个专业也需要去讲建筑设计的知识。在传统五年制的建筑学中开设的"建筑初步"有很悠久的历史。在我们四年制的艺术类学科中，如何去改造这门课进行教学改革和创新呢？我们也基于这个问题，进行不断的思考。

首先，学生的学情不同。本着以学生为目标、能力培养为导向，我们首先会分析艺术类低年级学生的学情。学生来自不同省市，对设计的感知是不同的。刚开始接手设计时，有些学生可能已经见识过非常好的设计，有些学生就没有设计的概念。

那么如何把课程改造得对大家都是公平的，让我们的教育更加适合于每一个学生呢？首先是针对整个设计的命题进行创新。传统的设计（命题）经常会让大家去设计一些"公园茶室"或者是"建筑小品"等小体量、比较抽象的设计题目。而我们希望让学生去设计自己的家。为什么要设计"我的家"？因为每个人对于自己的家都有真切的感受。如果是茶室，现在的大一新生又有几个人会去公园喝茶呢？他其实是无法了解到整个用户对茶室的真实需求的。对于一年级学生来说，这就是很难跨越的一个问题。而对于"我的家"这个题目，学生可以把对于家的感受完全表达在设计作品里，并且以自己为用户，从而打通整个设计中很多没必要的环节。

接下来我们也在家的这个题目之上，去进一步结合环境设计的专业创新，衍生出"虚拟社区"的概念。这个概念进一步加强了学生单个家之间的协作，我们让他们的家紧密地挨在一起，组成了几个紧密结合的社区。家的空间和整个社区的空间有机地联系在一起，你作为这个家的主人，其他同学作为家的主人，那你就身处于虚拟环境中，但又存在真人的邻居关系。在这里各种家长里短、空间占用、形式协调以及如何作为一个更好开放街区、用公共空间去服务城市，这些就会变成大家讨论的话题。在这些讨论中，我们认为学生会去实践并理解像上海正在实施的美好社区、15 分钟生活圈以及"人民城市人民建"这些概念。社会关怀的思考就会润物细无声地贯彻到学生的设计过程当中。

另外很重要的一点是，在我们这个家的设计过程中，也变成了既是"项目式"又是"小组式"的、类似于"自组织"的一种教学模式。学生会很有兴趣地去扮演这个家的角色，因为这

真的很像做游戏的过程。但这个场景又必须运用自己专业所学的环境设计专业知识去搭建。这里又涉及美学、力学、日照节能视线等问题,以及对街道的尺度把控,会对学生的设计能力进行整体性的提升。

除了命题机制设计上的创新,我们也积极地应用数字技术。特别是近两年,随着人工智能以及虚拟现实技术的不断发展,我们在课程中让学生快速学习并运用数字技术,把"家"集合起来,做成一个可以在线浏览的虚拟社区。

从整个教学的创新和推广来说,我认为这就是最重要的两个推广点:第一是对于整个课程设计机制的创新,第二是应用了可以推广、可以复制的虚拟现实技术。

问题2 参加示范课堂活动的感受

在活动中我校组织了和中西部大学的交流。在这次交流中,我们进一步总结了整个教学中技术的迭代、机制的进一步整合,也很开心地和其他高校的教师进行交流。我们认为这样一些交流活动可以不断促进我们对教学进行思考,保持不断学习的热情。

请扫码观看
尹舜的访谈

"建筑初步" 课堂教学设计表
"虚拟社区"营造之最佳社区评选

一、课程基本信息及课程资源					
课程基本信息	课程名称	建筑初步	课程性质	□通识必修　□通识选修 □学科基础　■专业必修 □专业选修　□实践教学	
	学　　分	3	总学时	理论讲授	实践
	执行学期	大一(下)	64	32	32
	授课对象	环境设计专业本科生			
	授课章节	第7章7.2节 "虚拟社区"营造之最佳社区评选			
	授课形式	■讲授　□实验　□上机　■实践		授课时长	45分钟
	课程教材	田学哲,郭逊. 建筑初步(第四版). 建筑工业出版社,2019			
课程资源	参考书目	[1] 凯文·林奇,城市意象,华夏出版社,2017 [2] 芦原义信,街道的美学,江苏凤凰文艺出版社,2017 [3] 上海市街道设计导则,同济大学出版社,2018			
	学习资源	华东理工大学本科教学平台(https://i.s.xxxxx.edu.cn/space/index)			

(续表)

二、课堂简要内容

本次课堂教学进行"最佳社区"评选。借助"自组织"教学模式,以组间竞争机制激励各组学生在课后时间自发协作学习(日期提前6周告知学生),让学生在课前学习时充分思考所学知识对本次评选的支持作用,做到主动学习和"学以致用"。

课上各组学生汇报,教师进行针对性点评、讲解,并引导学生主动讨论知识点(费曼式教学法);重点引导学生思考社区自治、设计温度、风貌协调等问题,使其体会社会责任感;在评价过程中,采用"仿真数字平台"进行日照、空间模拟以增加客观性;让学生互评、拉票活跃课堂气氛;通过手机投票进行激动人心的评选,获奖代表上台具有仪式感地领奖,把课堂气氛推向高潮。

三、教学目标

1. 教学目标1(品德修养)

了解有温度的街道、社区自治、人人城市的发展趋势,建立关怀社区的价值观。

2. 教学目标2(工程知识)

记忆、理解建筑设计中对视距、日照朝向、空间尺度、设计规范的具体要求,理解社区营造中的共享空间、街墙、社区自治的概念。

3. 教学目标3(设计实践)

能熟练运用设计手法进行建筑单体设计,理解单体与街道在空间、材质、色彩、场景方面的关联四要素,理解建筑设计对社区开放度的影响,并自如运用于街道设计区。

四、教学活动设计思路

1. 教学活动设计思路(实际教学内容设计)

(1) 课前导学。

◆ 提前布置课程设计命题,学生针对课程命题进行设计并完成模型制作。

◆ 提前将课程知识框架总结图发放给学生,学生针对个人学习近况自查。

◆ 提前布置课程需要的设计成果材料,学生准备好带入课堂。

(2) 课中互动。

◆ 为什么要设计自己的"家"?

◆ 从家到社区的转换。

◆ 课程回顾,对这门课程的知识框架(通识、人文、技能、工程4个方面)以及学情进行分析,在设计命题角度进行创新,从而引出本课程的结题设计命题。

◆ 讲解街区与社区营造的知识点与案例。

◆ 讲解社区评价的三大要点。

◆ 最佳社区评选。

◆ 评价要素的总结与互动。

(3) 课后进阶。

◆ 知识拓维:线上内容的补充学习,学生自主扩展。

◆ 课后成果提升:针对课堂上的互动评价,结合学生自评和教师评价,对成果进行提升,排版展示。

2. 创新点与特色

(1) 以学生为中心

◆ 教师结合课堂总结评价,围绕学生设计成果,凝练评价指标,客观打分,培养学生多维设计能力。

(2) 融合信息技术

◆ 利用虚拟仿真教学平台,新增"数字化社区"模块,提升学生协作能力,进行互动式教学创新。

(3) 科研融入教学

◆ 顺应人人城市、15分钟生活圈、社区营造等社会发展新趋势,体现以人为本的设计目标。

五、教学重点和难点

1. 教学重点

运用空间设计手法,个人营造,具有设计感和自我感知的私密空间;运用街道设计手法,小组协作,打造社区共享、亲切宜人的公共环境。

（续表）

2. 教学难点

理解街区形态对社区与街道空间感受的影响，在创新和变化中寻求统一及平衡。

六、教学实施过程

1. 教学内容与安排

本次课程内容覆盖第7章7.2节相关的知识点，通过"最佳社区评选"的设计环节，让学生完成从自己的"家"到共同"社区"的创作，建立关怀社会的价值观。通过小组之间的互评和讨论，激发竞争感，促进自主思考。最后用"颁奖"游戏作为结尾。在教学课堂中，将PPT、现场讲解与师生互动、团队协作等环节有机地串联起来。

（1）课程内容引入：明确本节课堂内容为课程设计成果评选。
- 讲解部分：为什么要设计自己的"家"以及社区营造？

（2）知识点展开：PPT讲授设计命题与传统命题的区别、街区与社区营造的重要评价指标以及虚拟社区营造的要点。
- 教师讲解街区与社区营造的评价指标并进行重点讲解。
- 教师讲解"城市肌理"、"公共空间"的案例。
- 教师引出公共空间的3个重要评价指标。

（3）课堂互动：最佳社区评选。
- 教师讲解"最佳"的评价因子。
- 全班互动观察自己及其他同学的模型。
- 引入数字仿真与手机投屏，讲解模型。
- 线上漫游参观其他同学的"家"。

（4）知识拓展与课堂总结。
- 布置课后拓展知识与课程总结。

2. 生生互动与团队协作环节

（1）互动形式。
- 全班同学分为4组，将前节段作业中的"家"拼合成4个社区，形成4个社群。要求社群互相分工，每个组员都要求参与具体工作，明确分工表。

（2）本节生生互动与团队协作。
- 每个社区完善对自己社区的讲解。
- 要求以模拟身份对其他社区提问、辩论，进行互评，每一次互动都要求学生自己是社区中的一员，模拟社区自治中的互动。

3. 师生互动环节
- 在以学生为主体的课堂教学中，教师运用虚拟与实体模型之间的互相切换，完善空间体验环节的讨论，利用仿真平台充分展示模型与空间的模拟，为考评提供定量依据。教师充分参与各社群讨论，给予改进意见。
- 手机抢答：什么样的城市/街道可达性最高。
- 全班线上投票"最佳社区"，并公布获得神秘大奖的学生名单。

4. 课程思政育人要点
- 人人城市：当下城市越来越注重个体的需求，从人本城市出发，充分考虑每个个体的15分钟生活圈。
- 有温度的城市/街道：城市不再是冰冷的，用设计体现有温度的城市/街区。

5. 教学方法总结
- 会环绕式实时评图法、PPT讲授、问题引入法、"仿真数字平台"互动式教学、实时日照分析、学生情景剧、小组辩论与互评、颁奖激励法。

六、教学内容安排(45分钟)

具体教学内容	教学方法	课时(分钟)
1. 社区知识点展开与最佳社区评选规则介绍	教师讲授分析	6
2. 全班互动互评	自主学习，生生互动	3

(续表)

具体教学内容	教学方法	课时(分钟)
3. 社区小组利用仿真技术演示方案,教师点评	仿真平台互动演示,实时日照分析,学生情景剧	20
4. 4个小组互评,学生辩论	互动实验与评价	12
5. 颁奖环节,知识总结与课后拓展	颁奖激励,提问与讲授	3

七、教学目标达成分析

通过讲解、互评、讨论,在社区评选中让学生建立起共享、关怀的社区营造价值观。在知识学习方面,关于视线干扰、日照朝向这两个方面,第一组还需进行课后学习,进一步加深理解;其余三组运用较好。在楼梯踏步的高宽方面,第四组个别同学的设计还存在不足,需进一步学习和应用。在设计方面,全班学生均有创造性应用,其中第三组在社区开放共享方面提出独到理解。

八、教学示范意义反思

(1)示范意义:针对传统教学设计中的评图课进行优化。"评图课逐个点评,难以抓住全体学生的注意力",本次课程设计借助虚拟仿真教学平台,在技术上创新,打造信息时代的创新式评图课,具有推广和示范意义。在教学组织上,利用本专业特点,创造性地让个体的作业相互关联,形成全班"自组织"的社区,让学生扮演社区成员,从而激发协作与互动。在教学方法上,充分体现以学生为中心的"自组织"学习。首先,明确课程目标和考核要求,通过分组机制激发竞争意识;其次,通过之前梳理学习提纲,明确汇报要求,激励学生课后分组互助学习;最后,采用师生互动、小组互评、神秘大奖的形式,充分调动学生的积极性和课堂气氛,提升授课效果。

(2)反思:课后教师需要在每周的周中与学生小组讨论,对教师的敬业程度要求较高;在课堂上对学生作品进行点评,对教师的知识储备要求较高;需进一步梳理知识点以及设计常见问题,在点评中再次强调本节课的知识点。

上海海关学院

学校交流

访谈嘉宾 上海海关学院副校长 岳 龙

问题1 学校课程培育的举措

我是上海海关学院分管教学的副校长岳龙。关于我校的课程建设,我想最主要可以概括为"9个字、3个方面"。

第一是"强特色"。我们作为海关总署唯一的一所全日制高校,在课程建设方面,一个是强化海关特色,一个是强化行业特色。在强化海关特色方面,我们更多关注的是怎样对接海关的业务发展需求,怎样更好地培养国门卫士,以此为出发点,去构建课程体系、强化课程内容。在围绕行业建设方面,我们又是一所行业特色高校,所以说我们更多的是在课程建设方面,围绕应用型、复合型的高质量人才培养,去进行课程的建设。

第二是"重培育"。我们基本上也是从3个方面去着手。第一个方面是特别注重分层培育。我们跟其他高校可能有一点不同,在课程的培育上有两条线:一是从学校的院系到学校到总署这样一条线,二是从学校的院系到学校到上海市教委到教育部这样一条线。我们这两条线都围绕精品课程、围绕一流课程建设,进行课程的相关培育。第二个方面就是我们以"关校融合"来打造精品课程的培育。因为我们主要突出海关特色,所以我们紧紧依靠海关、邀请海关专家进入整个课程建设过程中,与海关专家一块来推进课程建设。第三个方面是我们集中专家的力量,邀请相关的课程专家进校,通过讲座、报告、交流来进行相应的指导。

第三是"求创新"。在课程建设方面,我们特别关注创新,可以说是"求创新"。我们主要在课程内容上进行创新,因为海关的业务变化非常快,课程内容的及时创新非常关键。我们教务处要求每年大概有1/3的课程内容要及时更新。第二个创新就是在教法上,因为现在是一个非常快速变化的时代,所以,我们在课程教学上尽量鼓励教师采取启发式和研讨式、以批判性思维为核心的一种创新。还有在评价上的创新,我们也在积极探索多元化的评价方式,引领课程的变革。

问题2 学校提升教师教学能力的举措

在教师能力发展方面,我们大概也可以从3个方面来看。

第一是"强基础"。因为我校教师与其他综合性大学有一点不同,在教学能力方面,我们的教师要进一步强化多方面的知识基础,我们更多关注的是强化海关的基础知识,一是强化学科知识,二是强化教学理论知识。

第二是"重学习"。在教师的能力发展方面,除了强化教师的基础之外,我们还特别注重学习。关于这一点,一是学教育理论,二是学最先进的教育方法,三是学学生的心理发展规律。这些在我们学校是比较缺乏的。

第三是"拓思维"。在教师的专业能力发展方面,我们强调"拓思维",拓宽、拓展教师的思维。在这个方面,我们一是推动思维从课堂向海关拓展,二是推动从知识教学向育人拓展。另外,推动我们的教学方法从专业教学向学科交叉型的教学拓展。

请扫码观看
岳龙的访谈

教师访谈及教学设计

访谈嘉宾　上海海关学院　钟昌元
访谈内容　"海关税收制度"

问题 1　课程介绍

我是上海海关学院专任教师钟昌元。上海海关学院是直属于海关总署的全日制高等院校。我校的办学目标是高质量精准服务海关,致力于建设海关特色鲜明、服务国家战略、具有国际影响力的一流高等学府。海关是国家进出境的监督管理机关,征收关税和进口环节其他税收是法律赋予海关的一项重要职能。"海关税收制度"这门课,就是充分反映海关征税业务的一门具有海关特色的专业课程,主要介绍海关税收的一些基本原理,以及关税制度的重要内容,涉及海关估价、原产地规则、商品归类关税三大征税技术。

课程教学内容与国际规则接轨,但也立足国情进行了本土化。由于关税是国际政治经济交往中一个非常重要的手段,具有保护国内生产、调节国际经贸关系的重要作用,同时,又是国家主权的重要内容之一。所以,这门课具有鲜明的国家主权、国门安全、国家利益,以及依法征纳税、把关服务等思政教育内涵。它有助于培养学生的国家意识、依法行政、开放融合的大国情怀,养成法治观念和职业道德素养。我觉得这门课程的特色非常明显,具有鲜明的海关特色。

问题 2　参加示范课堂活动的感受

参加示范性本科课程的建设和教学内容展示活动,我个人感觉收获非常大,感受也非常多。首先,要感谢上海市教委,包括复旦大学,给我们提供了一个很好的相互交流、相互学习的平台,让我们有机会学习其他高校优秀教师的教学经验。其次,这次活动也开阔了我们的视野,增长了见识,让我们看到了在教学方面的一些不足。特别是在教学创新方面,我们还有很大的提升空间。另外,在课堂教学设计包括使用新的教学技术以及提高学生学习积极性等方面,兄弟院校的一些做法为我们的课程进一步改进教学方法、提升教学质量提供了很多有益的启示。这对我本人、对我的教学和课程建设有很大的促进作用。

问题 3　课程的创新性和示范性

我个人觉得,"海关税收制度"课程主要在以下 4 个方面有一定的创新性和示范性。

首先,这门课的思政元素贯通整个课堂,将思政教育和专业教育紧密融合。以立德树人为主线,聚焦家国情怀、法治意识、职业道德素养,主要通过国家主权、国门安全、依法行政,还有忠诚担当等 8 个方面来挖掘课程思政的元素,优化教学内容,实现育人和育才的统一。

其次,创新教学方法和手段,坚持"以学生为中心"开展教学活动。通过混合式教学、案例教学、研讨式互动教学、学生分组展示、情景式教学,以及到海关业务现场实践教学,还有线上远程教学等多种教学方法提升课堂的教学质量。

再次,不断开发、丰富课程的教学资源。我们先后出版了《海关税收制度》、《关税制度案例分析》等关税系列特色教材,还建立了内容丰富的关税案例库和试题库,录制了总时长超过1 200分钟的课程短视频。我们建设的在线课程提供了内容非常广泛的课程资源,比较好地满足了学生课内外学习的需要。

最后,我们特别强化了课程的实践教学,建立了学校、海关和企业三方结合的特色实践教学体系,培养学生实践创新的能力,所以,我觉得我们这门课还是有一些亮点的。

请扫码观看
钟昌元的访谈

"海关税收制度" 课堂教学设计表

课程名称	海关税收制度
节选课堂章节题目	第六章　进出口货物关税的计算 第一节　关税税率的确定
课堂简要内容	在已经学习海关征税三大要素的基础上,进一步学习关税税率的确定方法。主要通过《区域全面经济伙伴关系协定》(RCEP)内容的介绍和具体案例的讨论,熟悉我国关税税率设置的种类、适用范围及具体的确定方法,理解关税通过税率设置维护国家利益、调节国际经贸关系和保卫国门经济安全的作用,增强依法征纳税的法治意识。
教学目标	(1) 理解关税维护国家利益、调节国际经贸关系、保卫国门经济安全的内涵。 (2) 掌握进出口关税税率设置种类、适用范围及确定方法。 (3) 理解关税税率设置的税收基本原理。 (4) 增强依法征纳税的法治意识。
教学理念与策略	课堂"以学生为中心"和"成果导向教育"理念进行教学设计,通过关税税率的设置及适用规则的讨论与解释,将关税税率知识传授、海关征税专业技能培养和正确认识关税的价值观塑造融为一体,实现立德树人的目标。 　　主要通过学生展示相关内容、案例讨论分享、线下线上结合的方式达成教学目标,将课程思政教育贯穿于教学过程,培养学生维护国家利益、保卫国门安全的家国情怀,依法征纳税的法治意识和忠诚把关服务的职业精神。
教学实施过程	通过课前、课中、课后3个阶段完成本章节教学任务。 (1) 课前任务。 学生复习已学前3章海关征税三大技术基本内容,了解其对确定关税税率和应纳税额的重要性。 学生收集资料,提前准备课堂展示用的RCEP关税减让资料,了解其政治经济意义。

(续表)

教学实施过程	（2）课堂教学。 新课导入：教师介绍学习内容及要求，回顾前学内容，引出新教学内容。 学生展示：学生展示、分享 RCEP 关税减让与新发展格局构建内容。 教师点评：教师点评、补充 RCEP 内容，融入课程思政教育内容。 案例讨论：学生分组讨论关税税率选择案例（案例教学、二维码技术）。 观点分享：学生分享讨论结果及理由（互动式教学）。 教师讲解：教师结合案例梳理讲解"关税税率设置及其适用范围"（列表比较、思维导图技术），融入课程思政教育内容。 课堂测试：学生线上测试，检验学习效果（超星学习通平台）。 （3）课后任务。 布置作业、思考题，增强学生对关税税率选择内容的理解。 要求学生拓展学习超星平台中与关税税率相关的课程资源。
教学目标达成度分析	主要通过课堂互动、案例讨论、线上测试、作业完成等方式，了解学生对教学内容的掌握程度，判断教学目标的达成情况，并反思教学效果，及时调整教学内容和教学方法。 从课堂测试情况来看（见以下截图），有 86.84% 的学生成绩在 80 分以上，共有半数学生成绩为满分，表明学生对这部分内容的掌握情况较好，在知识层面的教学目标达成度较高。 

（续表）

教学示范意义反思	教学示范意义主要在于：一是课程思政教育贯通课堂，与时俱进地融入习近平新时代中国特色社会主义思想和总体国家安全观内容；二是以学生为中心开展教学活动，提升学生课堂教学参与度；三是利用二维码、思维导图、超星线上平台等教学技术和线上资源开展教学。 　　教学反思：作为实践性较强的专业课程，因疫情原因未能结合线下现场教学提升教学效果，也未通过远程线上教学手段发挥行业兼职教师作用。此外，在具体组织实施过程中，教学方法和教学内容还可以进一步优化。

上 海 大 学

学校交流

访谈嘉宾 上海大学教师教学发展中心主任　辛明军

问题1　学校课程培育的举措

我是来自上海大学教务部的辛明军,主要负责教发中心的工作。

第一,在课程建设方面,从2018年开始,我们就启动了研究型挑战性课程的建设,一共建设了7轮,现在已经建成600多门课,形成了初步的示范效应。从2020年开始,我们又开始建设一流课程和重点课程,现在有十几门国家一流课程和二三十门上海市一流课程,让一批教师形成了较好的引领作用。2023年左右,我们建立了教创赛和青教赛的平台,将近两三百位教师加入了这个平台。通过反复引领,使我们1000多位教师能够共同打造出良好的课程氛围,为我们组织培训提供了好的机遇。

第二,从教发本身的工作来讲,我们要搭平台。从2018年成立教发中心以来,我们先后做了两轮平台建设工作。前面一轮主要是重点课程培训,到2020年我校机构改革、组建教务部以来,又进行了一些重大改革,人员增加了,可以推进更多的想法落地。所以,我们是先搭平台,把平台做好以后,使得前面讲过的大概一两千位教师的课程资源可以更好地升华。通过与超星和其他相关平台的合作,加大我们对课程的关注,让更多的教师进入他们能去好好发挥的平台。

问题2　学校提升教师教学能力的举措

除了前面提到的搭建平台,其次就是建立机制。从2020年开始,我们先后发布了4个文件,这在全国高校也是比较超前的。第一个是我们发布的青年教师竞赛的文件,激励学院选派教师,教师参与进来以后如何把这些教师培训好,我们把竞赛的平台搭起来就是通过这个文件去推动的。

教发中心仅靠我们4个人肯定不行,我们希望通过以机制推动院系,做到校院两级结合,所以,现在20多个学院全部建立了自己的分中心。在2021年疫情期间,我们也出台了一个文件,即助力教师发展的专业化培训办法,列出六大模块。我们围绕这4个大主题、6个大模块开发系列活动,并吸引了两名博士加入教发中心。所以,我们教发的研究、平台都是不错的。

总体来说,我认为通过建平台、建机制,我们最终的目标是聚人心。我们把教师的人心聚在一起,让每位教师更好地进行教学相长,提升我们的教学学术能力和水平。

请扫码观看
辛明军的访谈

教师访谈及教学设计

访谈嘉宾　上海大学　王卿文
访谈内容　"线性代数"

问题1　课程介绍

我是上海大学的王卿文,主讲的课程是理工和经管类一年级大学生的公共基础课"线性代数"。线性代数是以矩阵为工具研究线性空间和线性变换的一门学科,在大数据和人工智能时代,线性代数发挥的作用愈加凸显。但由于课时较少、内容抽象,"线性代数"难教难学就成为普遍现象。让学生既好又快地掌握线性代数的核心内容和方法,使教师好教、学生易学,一直是我和团队改革的主攻方向。

经过多年的探索实践,我们的课程有以下特色。

(1) 优化重构了课程体系和课程内容,凸显方法简捷、观点高远、趋向前沿、反映现代。围绕矩阵的3种重要等价关系(相抵、相似和相合)展开,先从相抵讲起,浓墨重彩讲解矩阵初等变换、矩阵分块、矩阵相抵标准形等重要工具后,直接进入线性代数的主要研究对象——线性空间,将线性方程组作为子空间和矩阵相抵标准形的直接应用。然后,聚焦线性变换和矩阵的1-1对应关系,重点讨论矩阵的相似与相合化简。

(2) 着重阐述知识的来龙去脉,引领学生用已有知识和方法想出后面要学习的内容,即:让学生做古代的数学家,把课本上的知识重新发现一遍。

(3) 突出数学思想和方法的运用,力图以最简捷的方式展现线性代数的核心理论和方法。例如,矩阵分块是以华罗庚为代表的中国代数学家从事科学研究的"杀手锏",本课程凸显这一思想和方法的妙用,如给出 Sylvester 惯性定理的简洁证明。

(4) 兼顾知识的深度、广度和应用度,以适合不同层次的学生。由于优化了课程体系、以简捷明了的方式处理课程内容,因此即使在课时较少的情况下,也能保障学生掌握线性代数的核心内容和方法。对于课时相对较多、学有余力的学生,设计了有一定深度、广度和应用度的"探索与发现",精选和设计了若干理论探究和应用探索的研究性课题。

(5) 引入研究新成果,改造了同类课程不易讲授的内容;突出了线性代数与中学数学的有机衔接与融通;注重了数学文化和科研方法的渗透。

(6) 高等教育出版社出版了体现上述特色的新形态教材《线性代数》,读者扫二维码就可看视频。这本教材的最大特点就是展现了线性代数成果的发现过程,实现了线性代数知识的再创造。

问题2　参加示范课堂活动的感受

下面我谈一下参加上海高校示范性本科课堂及其教学展示交流活动的两大感受。

(1) 这次活动很有意义。参赛者既能分享个人教学改革的经验体会,又能学习众多专家教学之专长。这是一个很好的交流平台,对本科课堂教学改革产生非常积极的促进作用。

(2) 参展的这些课程展现了很高的教学水平,提供了宝贵的教学经验。入选课程所在高校也开展了教学展示的交流活动,教师们踊跃参与,这对提高青年教师的教学水平发挥了很好的示范性作用。希望这样的活动能继续开展下去。

问题3　课程的创新性和示范性

我的教学理念是不仅要教会学生知识,更要教好学生如何发现知识。这次示范性课堂,我主要是引领学生发现齐次线性方程组解空间基的新求法,使学生在体验科学发现过程的基础上,见证经过几百年沉淀的数学内容仍可改进与创新,激发学生的学习热情,培养学生的创造能力。

上述教学理念和做法可以为数学类课程的教学改革提供参考。

请扫码观看
王卿文的访谈

"线性代数"　课堂教学设计

第3章　线性方程组
3.2　齐次线性方程组解空间的基

一、课堂内容摘要

以"北斗"导航系统、"嫦娥四号"探测器和"玉兔二号"月球车等为背景,引入线性方程组教学主题,教学与思政融合;核查学生课前通过微课视频的预习情况,使学生清楚线性方程组的核心问题及其要解决的关键是求齐次线性方程组解空间的基;引领学生发现齐次线性方程组的新解法及其深度研究,提高课程内容的挑战度——把齐次线性方程组求解方法推广到齐次矩阵方程;课外探究,锻炼学生能够利用线性方程组理论与方法构建模型,解决实际应用问题,通过荣誉作业,实施个性化培养。

二、教学设计架构(体现"两性一度")

1. 教学目标

授课对象:上海大学理工类和经管类学生。

(1) 知识目标:通过有效合理的教学环节、教学手段以及课内外联动学习,使学生能够扎实掌握齐次线性方程组解空间基的新求法。

(2) 能力目标:通过展现齐次线性方程组解空间基的新求法的发现过程,培养学生科学研究的能力;通过引领学生深度研究——把齐次线性方程组求解方法推广到齐次矩阵方程,提高课程内容的挑战度,让学生体验"跳一跳才能够得着"的学习挑战,提升学生的创新思维能力;通过课外探究,使学生能够利用线性方程组理论与方法构建投入产出模型,解决实际应用问题;通过荣誉作业,实施个性化培养。

(3) 思政目标:使学生树立民族自信心,发愤图强。

2. 教学理念与策略

不仅教会学生掌握齐次线性方程组解空间基的新求法,更要教会学生如何发现和创造这个新方法。引领学生从逆矩阵的计算、相抵标准形等相关知识出发,通过类比推理探索求解齐次线性方程组新的简便方法并加以证明。采取"自主式"教学策略,引导学生渐进式地思考齐次线性方程组解空间基的新求法,发散学生思维,使学生能从不同角度将知识连成脉络,最终找到联系并得出新的解法。

3. 齐次线性方程组解空间基的教学实施结构图(图 1)

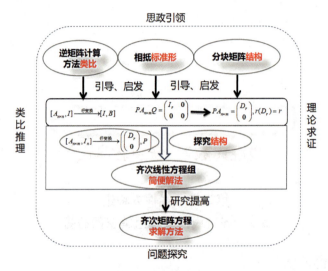

图 1　齐次线性方程组解空间基的教学实施结构图

三、教学过程

1. 课程思政素材

"北斗"导航定位系统、"嫦娥四号"探测器和"玉兔二号"月球车。

2. 播放视频(图 2,大约 35 秒)

"北斗"导航定位系统、"嫦娥四号"探测器和"玉兔二号"月球车。

3. 课程思政

以"北斗"导航系统、"嫦娥四号"探测器和"玉兔二号"月球车为例证,说明中国的航天技术已赶超世界先进水平,使学生树立民族自信心,激励学生发愤图强。

4. 线性方程组引入

"北斗"导航定位系统、"嫦娥四号"探测器、"玉兔二号"月球车等航天器的定位和发回的海量数据需要用线性方程组处理,美国 1949 年经济模型用线性方程组处理的结果获

图 2　播放视频

1973 年诺贝尔经济学奖等,引入要学习的内容——第 3 章"线性方程组"。

5. **检查上次课外作业**

通过 http://moocl.chaoxing.com/course/200456807.html 观看"线性代数"视频课程,预习第 3 章"线性方程组"。

提问　线性方程组的核心问题是什么?

请学生回答并确认(图 3)。

图 3　学生回答问题

线性方程组的核心问题

线性方程组

$$X_{1\times n}A_{n\times m}=b_{1\times m} \tag{1.1}$$

需要解决以下 3 个问题。

问题 1　线性方程组有解判定;

问题 2　线性方程组解的结构;

问题 3 线性方程组如何求解？

对于问题 1,通过视频预习,学生不难解决。课堂上只需重点强调矩阵的分块及其初等变换与向量的线性表示的方法运用。将(1.1)式中的未知向量和系数矩阵分块,

$$X=(x_1,x_2,\cdots,x_n),\quad A=\begin{pmatrix}\alpha_1\\\alpha_2\\\vdots\\\alpha_n\end{pmatrix},$$

则(1.1)式有解当且仅当常数向量 b 可以由 $\alpha_1,\alpha_2,\cdots,\alpha_n$ 线性表示,即

$$x_1\alpha_1+x_2\alpha_2+\cdots+x_n\alpha_n=b,$$
$$\Updownarrow$$
$$r\begin{pmatrix}A\\b\end{pmatrix}=r(A)。$$

对于问题 2,通过观看视频,学生也能顺利解决。课堂上只需强调如下两点。

$$X_{1\times n}A_{n\times m}=b_{1\times m},$$
$$X_{1\times n}A_{n\times m}=0, \tag{1.2}$$

(1.1)式与(1.2)式解的关系如下。(1.1)式的任意两个解的差是(1.2)式的解,(1.1)式的通解可表示为(1.1)式的特解与(1.2)式的全部解的和。

通解的含义是解且能表示任意一个解。

对于问题 3,强调求(1.1)式的通解,要做如下的工作。

判断(1.1)式是否有解,只须验证

$$r(A)=r\begin{pmatrix}A\\b\end{pmatrix}?$$

(1.1)式的通解是(1.1)式的一个特解和(1.1)式的导出组(1.2)式的全部解。

齐次线性方程组(1.2)式的全部解构成线性空间 $F^{1\times n}$ 的子空间 W,因此求(1.2)式的全部解就是求 W 的一个基,即(1.2)式的一个基础解系(解释为什么叫基础解系)。

这样引入这节课要讲的主要内容——求齐次线性方程组解空间的一个基。

6. **教学主题**:引领学生发现(1.2)解空间基的一个新的简洁求法

(1) 先给方法,让学生体验方法的简洁实用,激发学生探究其发现过程的兴趣。

齐次线性方程组(1.2)解空间基的一个简便求法,

$$[A_{n\times m},I_n]\xrightarrow{\text{row}}\left[\begin{pmatrix}D_r\\0\end{pmatrix},P\right],$$

则矩阵 P 的后 $n-r$ 行是(1.2)式的解空间的一个基。

例 求下面方程组解空间的一个基:

$$\begin{cases} x_1 - x_2 + 5x_3 - x_4 = 0, \\ x_1 + x_2 - 2x_3 + 3x_4 = 0, \\ 3x_1 - x_2 + 8x_3 + x_4 = 0, \\ x_1 + 3x_2 - 9x_3 + 7x_4 = 0. \end{cases}$$

解

$$\begin{bmatrix} 1 & 1 & 3 & 1 & 1 & 0 & 0 & 0 \\ -1 & 1 & -1 & 3 & 0 & 1 & 0 & 0 \\ 5 & -2 & 8 & -9 & 0 & 0 & 1 & 0 \\ -1 & 3 & 1 & 7 & 0 & 0 & 0 & 1 \end{bmatrix} \rightarrow \cdots \rightarrow \begin{bmatrix} 1 & 1 & 3 & 1 & 1 & 0 & 0 & 0 \\ 0 & 2 & 2 & 4 & 1 & 1 & 0 & 0 \\ 0 & 0 & 0 & 0 & -\dfrac{3}{2} & \dfrac{7}{2} & 1 & 0 \\ 0 & 0 & 0 & 0 & -1 & -2 & 0 & 1 \end{bmatrix},$$

$\alpha_1 = \left(-\dfrac{3}{2}, \dfrac{7}{2}, 1, 0\right)$, $\alpha_2 = (-1, -2, 0, 1)$ 为所求的一个基础解系。

(2) 引领学生展现方法的发现过程。

科研思想的展现

矩阵有丰富的数学内容(图4)。一个自然的问题是：将一个矩阵进行化简，让其变得最简单，即让它的元素只有 1 和 0。于是，有矩阵的相抵标准形定理，上面 1 的个数 r 是唯一。

图 4

$$A \rightarrow \begin{bmatrix} I_r & 0 \\ 0 & 0 \end{bmatrix},$$

提问 可逆矩阵、初等阵、初等变换的关系是什么？

请学生回答。

矩阵的相抵标准形定理

$$PAQ = \begin{bmatrix} I_r & 0 \\ 0 & 0 \end{bmatrix}, 0 \leqslant r \leqslant \min\{m, n\}.$$

提问 可逆矩阵的相抵标准形式是什么？

集体回答：确认是单位矩阵。

问题 1 把可逆矩阵经过初等行变换化成相抵标准形时，怎样记录这些初等变换呢？

对于问题1，这样产生了求可逆矩阵的逆阵的方法，

$$[A_{n \times n}, I_n] \xrightarrow{\text{row}} [I_n, P], P = A^{-1}.$$

强调 I_n 起到"记录仪"的作用。

关键思想的产生

问题 2 科学研究就要发散思维。当矩阵不可逆时,能否只用矩阵的初等行变换就将其化成相抵标准形?

$$PA_{n\times m}Q = \begin{bmatrix} I_r & 0 \\ 0 & 0 \end{bmatrix} \Rightarrow PA_{n\times m} = \begin{bmatrix} I_r & 0 \\ 0 & 0 \end{bmatrix}Q^{-1} = \begin{bmatrix} D_r \\ 0 \end{bmatrix}, r(D_r) = r_\circ$$

根据可逆阵和初等阵及初等变换的关系,可知

$$[A_{n\times m}, I_n] \xrightarrow{\text{row}} \left[\begin{bmatrix} D_r \\ 0 \end{bmatrix}, P\right], r(D_r) = r_\circ$$

考查矩阵 P 的后 $n-r$ 行的特征,有以下 3 个问题。

问题 1 将 P 的后 $n-r$ 行表示为 $[0, I_{n-r}]P$,为什么?

问题 2 P 可逆,其后 $n-r$ 行线性无关吗?为什么?

问题 3 P 的后 $n-r$ 行为齐次线性方程组(1.2)的解吗?

对于问题 1,请学生回答,并确认。

对于问题 2,集体回答。

对于问题 3,推导得到肯定答案,

$$[0, I_{n-r}]PA = [0, I_{n-r}]\begin{bmatrix} D_r \\ 0 \end{bmatrix} = 0_\circ$$

问题 4 P 的后 $n-r$ 行可以表示线性方程组(1.2)的任意解吗?

引导学生解答(图 5)如下。令 x_0 是线性方程组(2.1)的任意解,有

图 5 主讲人在引导学生探究发现

$$x_0 A = 0 \Leftrightarrow x_0 P^{-1}PAQ = 0, x_0 P^{-1} := (y_1, y_2),$$

$$(y_1, y_2)\begin{bmatrix} I_r & 0 \\ 0 & 0 \end{bmatrix} = 0, \ y_1 = 0, \ x_0 = (0, y_2)P = y_2[0, I_{n-r}]P.$$

于是 P 的后 $n-r$ 行能表示齐次线性方程组(1.2)的任意一个解。故结论为 P 的后 $n-r$ 行构成齐次线性方程组(1.2)解空间的一个基。

学生在了解空间基的简便求法发现过程后充满喜悦(图6),教师再请学生思考以下 2 个问题。

问题 1 齐次线性方程组反问题:给定 s 个线性无关的向量,怎样求一个齐次线性方程组以这 s 个向量为一个基础解系?

问题 2 课外探讨:比较齐次线性方程组的新解法与中国传统"方程术"(也称高斯消元法)。

图 6 学生了解空间基的简便求法发现过程后充满喜悦

(3) 引领学生深度研究——从齐次线性方程组到齐次线性矩阵方程。

为了提高课程内容的挑战度,把齐次线性方程组求解方法推广到齐次矩阵方程,让学生体验"跳一跳才能够得着"的学习挑战,提升学生的创新思维能力。

思路 考查矩阵方程

$$X_{s \times n} A_{n \times m} = B_{s \times m}, \quad (1.3)$$

使用矩阵分块工具,令

$$X = (x_{ij})_{s \times n}, \ A = \begin{pmatrix} \alpha_1 \\ \alpha_2 \\ \vdots \\ \alpha_n \end{pmatrix}, \ B = \begin{pmatrix} \beta_1 \\ \beta_2 \\ \vdots \\ \beta_s \end{pmatrix},$$

则(1.3)式有解的充分必要条件是 $\beta_i (i=1, 2, \cdots, s)$ 可以由 $\alpha_1, \alpha_2, \cdots, \alpha_n$ 线性表示,即

$$x_{i1}\alpha_1 + x_{i2}\alpha_2 + \cdots + x_{in}\alpha_n = \beta_i (i=1, 2, \cdots, s) \Leftrightarrow r\begin{bmatrix} A \\ B \end{bmatrix} = r(A),$$

称非齐次矩阵方程 $X_{s \times n} A_{n \times m} = B_{s \times m}$ (1.3)的导出方程为

$$X_{s\times n}A_{n\times m}=0_{s\times m}。 \tag{1.4}$$

由齐次线性方程组 $x_{1\times n}A_{n\times m}=0_{s\times m}$(1.2)的基础解系为行向量构成的矩阵 N 称为(1.4)的一个基础解阵。

类似于非齐次线性方程组与其导出组齐次线性方程组的解的关系,可以得到非齐次线性矩阵方程(1.3)与其导出方程解的关系,即以下 3 个性质。

性质 1 (1.3)式的任意两个解的差是(1.4)式的解。

性质 2 (1.3)式的通解是其任意特解与(1.4)式的全部解之和。

性质 3 (1.4)式任意两个解的线性组合仍然是解。

因此,求(1.3)式的通解只需求(1.3)式的一个特解 U 及(1.4)式的一个基础解阵 N,其通解为

$$X = U + HN,$$

其中 H 是任意 $s\times(n-r)$ 阵。

定理 对于矩阵程组 $X_{s\times n}A_{n\times m}=0_{1\times m}$,

$$(A_{n\times m}, I_n) \xrightarrow{\text{row}} \begin{pmatrix} D_{rm} & M_{rn} \\ 0 & N_{(n-r)n} \end{pmatrix},$$

则矩阵 $N_{s\times(n-r)}$ 为矩阵方程(1.4)的一个基础解阵,(1.4)的通解为 $X=HN$,其中 H 是任意 $s\times(n-r)$ 阵。

例 求解下列矩阵方程:

$$X_{3\times 4}A = 0_{3\times 3}, A = \begin{pmatrix} 1 & -3 & -2 \\ -1 & 2 & 2 \\ 0 & -1 & 1 \\ 2 & -5 & -4 \end{pmatrix}。$$

解

$$\begin{pmatrix} 1 & -3 & -2 & 1 & 0 & 0 & 0 \\ -1 & 2 & 2 & 0 & 1 & 0 & 0 \\ 0 & -1 & 1 & 0 & 0 & 1 & 0 \\ 2 & -5 & -4 & 0 & 0 & 0 & 1 \end{pmatrix} \rightarrow \begin{pmatrix} 1 & 0 & 0 & -4 & -5 & 2 & 0 \\ 0 & 1 & 0 & -1 & -1 & 0 & 0 \\ 0 & 0 & 1 & -1 & -1 & 1 & 0 \\ 0 & 0 & 0 & -1 & 1 & 0 & 1 \end{pmatrix},$$

于是得 $N = (-1, 1, 0, 1)$。所以,矩阵方程通解为 $X = HN$,其中 H 为任意 3×1 矩阵。

应用 解决齐次线性方程组反问题。

(4)课堂内容总结。

从逆矩阵的计算、相抵标准形等相关知识出发,通过类比推理探索齐次线性方程组解空间基新的简便求法并给予证明。最后,把齐次线性方程组的求解方法推广到到齐次矩阵方程。

(5)课内外作业。

普通作业包括:

① 复习今天的全部内容,重新观看在线课程关于齐次线性方程组的基础解系,进一步

体会基础解系求法的发现过程及其推广。

② 研习教科书内容(95~98 页)。

③ 完成 98 页习题 3.2 和 102 页总复习题 3,4,8,9。

④ 在线观看"线性代数"视频,预习"非齐次线性方程组"的视频。

⑤ 上机实践:利用 MatLab 软件程序语句解齐次线性方程组。

挑战性作业包括:

① 研究 $X_{1\times n}A_{n\times m}=b_{1\times m}$ 的简便求法。

② 研究矩阵方程 $XA=B$ 及 $AX=B$。

③ 研究投入产出模型。

荣誉学生作业包括:

① 编写 MatLab 软件程序实行线性方程组新求解方法,并提交报告。

② 比较齐次线性方程组新求法与中国传统"方程术"(高斯消元法)。

四、教学目标达成度分析

本次课的 3 个教学目标(即知识目标、能力目标和思政目标)均有很好的达成。

关于课前预习任务,99%的学生能够很好地完成,掌握了齐次线性方程组和非齐次线性方程组解的关系,清楚了一般的线性方程组求解的关键就是求齐次线性方程组解空间的基。

在教师引领启发下,98%以上的学生能够很好地理解和掌握齐次线性方程组解空间基的新求法的发现过程,能够通过类比探究,把齐次线性方程组求解方法推广到齐次矩阵方程,高阶思维得到锻炼,创新能力得以提升。通过课外探究,95%以上的学生能够利用线性方程组理论与方法构建相关的模型,解决实际应用问题。

本堂课的引入既使学生树立民族自信心、激励学生发愤图强,又使学生认识到线性方程组的重要性。通过课外作业,学生了解中国是世界上最早完整解决线性方程组求解的国家。通过自主发现新方法,学生对数学学习和探究的自信心得到提升。从整体上,完美达成课程思政目标。

五、教学示范意义反思

通过教学示范,深感教学是师生联动共同演奏的乐曲,其中"教学设计"起到关键性作用。通过介绍线性方程组在工程计算中的应用背景,引出求解线性方程组的重要性,从而激发学生对课程内容学习的兴趣。在实施过程中每个问题的提出,促进师生互动,产生"同频共振"效果。齐次线性方程组简便新解法的导出,让学生惊叹数学理论与方法的优美。

通过教学示范,引发对数学课程思政更深入的思考。课程思政的确应润物无声,才能达到好的效果。教学中通过介绍航天技术、大规模经济计算等对线性方程组求解方法的需要,充分调动了学生思考的积极性,让课程推进一气呵成。

通过教学示范,对教学方式以及教学环境的转变有了更深层次的认识。首先,课前利用微课视频让学生对课程内容有较清晰的了解。然后,给出实用的求解线性方程组的新方法,让学生求解相关问题,并引导学生思考此方法求解问题的方便优势。在新旧碰撞中,引发学生探究,提升课堂教学效果,同时提升学生的创新思维能力。

通过教学示范,为教学内容的迁移打开新窗口。应特别注重引导学生从不同角度去思考问题,在已有知识基础上进行深层次探究。课堂中教师引导学生把齐次线性方程组的求解方法推广到求解齐次矩阵方程中,既调动了学生对于数学探究的兴趣,又提升了课程的挑战度,让学生在"跳一跳才能够得着"的体验中收获满满。

通过教学示范,深感创新性教学内容可激发学生学习兴趣,以问题引导学生进行探究学习,使学生经历探究过程、思考过程、抽象过程、预测过程、推理过程、反思过程,真正实现从"教"向"学"转变,逐渐培养学生的创新思维能力,进而培养其创造发明能力。

教师访谈及教学设计

访谈嘉宾 上海大学 周 建
访谈内容 "金融系统工程"

问题1 课程介绍

大家好,我是来自上海大学的周建。非常荣幸在这里向大家介绍"金融系统工程"这门课。"金融系统工程"是管理学院管理科学专业的第一门专业基础课,主要面向管理科学、经济学、金融学专业的大二学生开放。他们完成大一的基础课程之后,以这门专业基础课作为桥梁和纽带,为之后学习"金融投资学"、"金融工程建模与分析"、"金融数学"、"行为金融学"等课程打下良好基础,对于学生储备知识、培养分析能力和塑造价值观具有不可替代的核心作用。"金融系统工程"这门课主要学习如何运用系统工程的思想,处理金融系统的复杂性和不确定性,我们的课程在"哥伦比亚大学价值投资系列课程"的基础上融入了前沿理论和中国元素,并按照系统工程的思想把金融系统工程理论进行模块化,为正确看待金融系统提供了全新的系统化视角。

我们的课程设置了线上线下混合式教学以及上机实践环节,并在全面学情分析之上提出了"1+N"项目驱动的探究式教学方法,目的就是培养学生的综合能力,包括自主学习能力、高阶思维能力、团队协作能力、解决企业复杂问题的能力,并对复杂金融问题展开探索性研究。作为本课程教学创新的重要举措,"1+N"项目对应了教学过程中的多个挑战性金融实践项目,学生需要在课外分组完成1个必选项目和N个自选项目。必选项目研究的是一个全局性综合问题,涵盖课程整体知识体系的应用,难度较大;自选项目是基于课程细化内容的专题性问题,重在创新思维的培养。这些项目来源于教师科研项目或合作基金公司的实际金融需求。"1+N"项目贯穿整个课程的教学过程,且多个项目同时进行,需要学生在课外查阅大量中英文文献资料、自学模型软件和相关领域知识等,并运用技能创造性地解决问题,从而培养理论联系实际、深度分析和勇于创新的综合能力。

"1+N"项目难度不小,为了保证学生顺利完成,我们引入了线上线下混合式教学方法,并且进行了针对性设计。网上平台放置了大量的学术文献和学位论文、往年学生项目的优秀范文和答辩视频,以及挑战性问题的讲解视频等。在课堂上,我们基于学校先进的智慧教室和教学设备,利用信息化技术加强了课堂上师生之间、生生之间的交流互动。学生课堂的话语时间明显增多,课堂的参与度和兴趣度明显提升。我们在课外还用到了聚宽、米筐、万德、彭博等多个量化交易平台、数据库和模拟软件,进行企业分析和模拟投资。

总的来说,我们通过这些具有前沿性和挑战度的"1+N"项目,把学的主动权归还给学生,并融合信息化技术进行混合式教学,全方位提供必要帮助,包括让研究生到机房手把手地指导投资编程中的高阶问题,让学生在深度探索的过程中能够比较顺利、有效地提升自己的实践能力。这样的教学方式大大提升了学生们的学习热情,很多学生反馈在这门课上有了第一次通宵学习的经历,并乐在其中。

问题 2　参加示范课堂活动的感受

通过参加这次活动,我感觉收获很多。在整个活动中,通过各个高校优秀教师的教学经验分享,学习到更多现代教学技能和教学创新的方式,也体会到同行们为课程建设和教书育人所付出的大量精力和极大热忱。与科研工作相比,教学是一个非常需要投入时间的工作。俗话说"台上一分钟台下十年功",我记得一位教师在分享时提到,为了准备一堂 45 分钟的课,花了一天的时间,精细设计每一分钟的内容,只为了创新一门上了 10 年的老课,吸引极具个性的"00 后"主动投入课堂中。这就是教师们的敬业精神,也是我从这次示范课堂所得到的最大收获。

问题 3　课程的创新性和示范性

这门课的创新特色有两点。第一是对教学模式和教学内容都进行了打磨。在教学模式方面,深度融合了多渠道信息技术,进行智慧教学;在教学内容方面,深入挖掘课程思政元素融入课堂,以价值投资的理念、思政案例等方式,去塑造完善的金融职业道德人格,潜移默化地培养学生自尊自信、理性平和的社会心态和投资理念。

第二就是基于阶梯式挑战性项目开展研究型教学,通过具有难度、深度和挑战度的问题和项目,培养学生的高阶思维和解决实际问题的能力。

此外,在课程讲授结束后,我们还会根据学生的个人兴趣主动沟通,帮助学生拓展学科竞赛能力以及指导学术论文。目前,我们已经指导本科生获得了电子商务三创赛上海赛区特等奖、美国大学生数模竞赛特等奖提名奖、上海大学本科生学术论坛一等奖等诸多奖励。这也是我们基于课程对学生能力长期培养的想法。"金融系统工程"这门课已经上线了中国大学慕课、国家高等教育智慧教育平台、学银在线等多个平台,希望更多对价值投资感兴趣的学生能够选修我们的课程,从中体会金融的逻辑和魅力。谢谢大家!

请扫码观看
周建的访谈

"金融系统工程" 课堂教学设计表

课程名称	金融系统工程
节选课堂章节题目	第五章　企业估值模型 第四节　价值投资策略
课堂简要内容	本次课堂的主要教学内容是价值投资策略理念的讲授及其优化方法的互动研讨,以及价值投资社会意义的讨论。

(续表)

课堂简要内容	课前学生已分组完成策略代码以及基于量化交易平台的回溯分析初步结果,并提前自学线上平台相关内容,完成线上练习题和分组策略组间互评。
教学目标	在本课程采用的"1+N"项目驱动的探究式教学模式中,第二类N项目是让学生分组完成可行的价值投资策略并进行平台回溯分析。本次课程与这个项目直接相关,时间安排在第七周,时长45分钟,其教学目的主要包括: (1) 通过讲解和挑战性问题讨论使学生清楚理解价值投资策略的基本理念,并掌握几类常见策略的投资原理及其风险来源。 (2) 围绕张磊投资中国企业并获利的典型案例,明晰价值投资策略的本质涵义、时代演绎及其社会意义,引发学生用中国哲学思想和传统民族文化解决现代金融问题的思考。 (3) 组长分享各自的投资策略理念以及在聚宽量化平台上的策略回测结果,通过师生研讨深入剖析回溯数据结果,并基于所阅读的有挑战度的文献对现有价值投资策略进行优化设计。
教学理念	(1) 通过"30%讲授+70%研讨",将研究型挑战性问题和项目融入课堂全过程,培养学生的批判性思维和思辨能力,提升学生创造性解决复杂金融问题的综合能力和高阶思维。 (2) 在教学中深度融合智慧教室和网上平台的信息技术进行智慧教学,有效提升学生专注度和参与度,极大丰富学生的沉浸式课堂体验。 (3) 坚持价值引领,紧跟金融系统工程和价值投资领域的前沿理论;以中国企业精神为导向,塑造学生良好的核心价值观和金融道德观。
教学方法和策略	课前预习、课堂检验、重难点讲授、案例教学、线上线下混合式教学、分组研讨、生生辩论、课后完成挑战性项目报告等。

教学实施过程

教学环节序号	教学内容设计	重点难点	达成目标
1	课程导入(8分钟) (1) 检验学习通预习情况和线上练习完成情况,并对重点错题进行讲解。 (2) 从张磊投资中国概念股票的典型案例,引出对于价值投资策略的内容讲解。	✓ 学生课前自主学习价值投资策略相关内容并完成课后练习。 ✓ 利用现场提问和学习通投屏等功能,现场检测学生知识掌握程度并梳理关键理论。	● 培养主动学习能力和实操能力。 ● 提高课堂参与度,拓展学习空间。
2	价值投资策略讲授(6分钟) (1) 讲解4种类型投资策略的基本原理步骤和应用的思维导图。 (2) 从北方石油管道公司案例引导出挑战性问题:价值投资策略在当今时代的有效性。	✓ 对比分析4种价值投资策略的异同。 ✓ 在案例研讨(芒格眼中的价值投资和张磊投资中国企业案例)中进行挑战性问题的深入探讨。	● 培养理论联系实际、多角度看问题和结合时代发展分析问题的能力。 ● 通过研讨培养学生的批判性思维和思辨能力。
3	小组投资策略分享(18分钟) (1) 组长利用个人终端投屏功能进行每组价值投资策略设计的成果汇报。 (2) 围绕策略优缺点及实盘操作可行性进行生生辩论。 (3) 延伸讨论每个小组的止损止盈策略改进。	✓ 小组合作设计、检测、分析价值投资策略。 ✓ 深入探讨投资策略的不足与改进方案。 ✓ 启发学生剖析策略应用的实操可行性与风险控制情况。	● 通过分组作业学会团队交流与协作。 ● 培养代码编写、深度思考、实践创新能力。

(续表)

教学环节序号	教学内容设计	重点难点	达成目标
4	价值投资社会意义讲授(8分钟) (1)从美国的量化投资之王西蒙斯以及大奖章基金引出对于投资活动社会意义的探讨。 (2)张磊投资中概股案例探讨。	✓ 通过对比分析探讨中外投资方式及社会意义的差异。 ✓ 通过高瓴资本的中国概念股票投资经历案例分析,引出学生对于价值观的深度思考。	• 深层感悟与实践"在学以致用中回报祖国"的价值理念,达到课程的思政目标。
5	课程总结(5分钟) (1)课程整体内容的总结回顾。 (2)研究型挑战性作业布置。	✓ 整体的框架和结构把握。 ✓ 引出"来源于课程,但高于课程"的研究型挑战性任务。	• 通过文献阅读和研究型作业的完成,提高实践创新能力和科研素养。
教学目标达成度分析	通过课堂上的交流研讨过程和课后作业情况的分析,对于本次课堂的教学目标达成度得到以下结论。 (1)学生通过聆听讲授内容与挑战性问题讨论,能够清楚理解价值投资策略的基本理念,以及烟蒂投资、神奇公式、量化投资等几类常见策略的投资原理及其风险来源,95%的学生能够完全正确地回答相关课后习题。 (2)学生对于张磊投资腾讯、去哪儿、携程、美团、蓝月亮等多家中国企业,10年10倍助力中国优秀企业成长的典型案例令人印象深刻,与大奖章基金投资方式的对比,也让学生深刻体会到价值投资的社会意义。在课后的调查问卷中,学生反馈:"这次课深深体会到中西方价值观的巨大差异","价值投资的本质就是投资优秀企业,自身受益的同时也能报效社会"。 (3)本次课程的互动研讨基于以下3点:①分组投资策略的初步完成;②课外扩展阅读相关期刊论文(均为SSCI或CSSCI检索);③在超星平台分组任务PBL完成投资策略的组间互评和详尽评语分析。因此,课堂上的分组互动研讨效果很好,每组学生对其他组的策略都有深入了解,且能基于提前阅读的文献给出自己的见解。例如,夏同学针对自己组的策略提出了跟踪止损策略,课后还通过实操验证了效果;张同学在课上所提到的隐含止损策略也被第三组用来改进之前的策略,最大回撤由38%降到27%,效果显著。通过这次课程,大家也反馈如下:"充分体会到有准备的研讨是多么高效","终于领悟机会只垂青于有准备的人的真正含义,受益终身"。		
教学示范意义反思	(1)如何加强金融教学实践环节建设,更有效地提高学生解决企业实际问题的综合能力。 本课程现有教学方法更多局限在线上线下课堂学习,未来需加强实践环节建设,带领学生前往金融企业或金融管理部门,走近中国最前沿、最真实的勇于创新的金融人,激发专业热情和报效国家的家国情怀,潜移默化地培养经国济民、德法兼修的职业素养,同时更有效地提升学生发现并解决企业实际真实问题的综合能力。 (2)如何因材施教,培养更多新时代本土青年金融人才。 金融理论源于西方、落地中国,数百年中国金融学发展历程向世界充分展示了融入中华民族传统文化精髓的中国风格和中国神韵。未来教学我们将根据学情因材施教,更多聚焦中国金融模式研究,关切中国金融系统工程相关问题,把金融教学与科研做在祖国大地上,为国家培养更多新时代本土青年金融人才。		

上海海事大学

学校交流

访谈嘉宾　上海海事大学教务处处长　黄顺泉

问题1　学校课程培育的举措

各位老师好！我是上海海事大学教务处黄顺泉。上海海事大学在培育优质课程方面主要聚焦3个维度。

第一，思想上"绷紧弦"，筑牢航运梦。学校始终秉承"忠信笃敬"的校训精神，聚焦航运、物流、海洋特色，积极响应落实"航运强国"战略，以培育高级航运人才为己任。课程建设的目标是落实立德树人根本任务。学校以"重育人、强特色、显担当"为课程培育纲领，狠抓课程体系和教学内容改革，竭力将最新研究成果引入教学内容，科学梳理课程体系，实现课程有效衔接，着力培育具有"海味"的优质课程。自2020年至今，学校已培育建设"船舶值班与避碰"、"供应链管理"等8门国家级一流课程，以及"航海学"、"租船运输理论与实务"等25门上海市级一流课程，持续推进课程高质量建设。

第二，行动上"拉满弓"，彰显思政力。学校积极培育优秀教学团队，以港航、物流行业背景为特色，以课程思政建设为抓手，深度挖掘教学魅力，提升教学活力，充分挖掘各类专业课程教学内容中蕴含的思政元素，提升专业课程教师课程思政能力。在现行3 000多门有效课程课程思政全覆盖的基础上，学校逐步形成一大批课程思政"名师"和"金课"。2022年，"中国航运史"、"航海心理学"等6门课程入选上海市课程思政示范课程，其中1位课程负责人入选教学名师、2门课程团队入选示范团队。

第三，落实上"铆足劲"，激发海事情。以学校本科教学建设项目管理办法为指导，深入推进以学院、专业为主体的有组织教学项目建设机制。坚持"放管服"相结合，落实和扩大各教学单位本科教学管理的自主权，推进培养模式、教学团队、课程教材、教学方式、教学管理等教学发展重要环节的综合改革。2022年，组织校级本科教学建设项目申报与培育，认定本科教学建设项目240项，其中包括航海类等特色规划教材17种、课程思政示范课程70门。

问题2　学校提升教师教学能力的举措

上海海事大学在提高教师教学能力方面主要有两个做法。

第一，以赛促教，加速提升教师教学能力。学校历来对教师的教学能力非常重视：自

2007年起每两年组织一次校级青年教师教学竞赛;2014年起增加双语、全英语教学竞赛;2018年起再增加课程思政教学竞赛,形成"每年一赛"的工作机制。在各项教学竞赛的筹备过程中,学校各教学单位积极组织初赛,参赛选手认真备赛,教务处对进入复赛、决赛的教师安排专家评教指导,通过教学研讨、现场模拟等形式,夯实参赛教师的教学业务能力。

第二,营造轻松、愉悦的教学文化氛围。学校经常举办教研室教学研习活动、教师教学沙龙,坚持开展"传帮带结对子",定期评选教学名师、师德标兵、优秀教育工作者、优秀青年教师、"刘浩清教育优秀奖"、教学成果奖、优秀教学团队等多项教学奖项,并制定本科教育教学工作奖励办法、教授和副教授为本科生授课规定等,推动教授、副教授进本科生课堂,每年召开本科教学工作暨教学成果表彰大会。经过多年努力,学校形成了重视本科教学、重视教书育人的良好氛围,涌现出一大批"三尺讲台走天下,一支粉笔写春秋"、深受学生爱戴的教学名师。

感谢各位老师对海事大学教学工作的关心与支持!

请扫码观看
黄顺泉的访谈

教师访谈及教学设计

访谈嘉宾　上海海事大学　张　琴
访谈内容　"自动化仪表与过程控制"

问题 1　课程介绍

大家好！我是张琴，来自上海海事大学，我参加示范课堂活动的课程是"自动化仪表与过程控制"。"自动化仪表与过程控制"这门课有 4 学分，是一门 64 学时的大课，也是自动化专业和测控技术与仪器专业的必修课。课程涵盖面非常广，包括自动化仪表的结构、工作原理、调校方法，以及从简单控制系统到复杂控制系统的组成，它的设计方案、设计规则都是不一样的。

由于课程交叉融合了多门专业基础课和专业课，学生也面临将理论应用实际的迫切需求。于是我们就以工程认证体系设计了教学目标，培养学生能针对专业的工程问题设计控制系统，并且能进一步优化复杂控制系统，进行仿真优化等活动。学生能具备一些自主终身学习的能力、问题思辨能力和团队合作能力，能秉承严谨的科学态度、遵守职业道德、扛起科技兴国的使命担当。最后，希望学生德智体美劳全面发展，成为一名优秀的创新型工程师。

问题 2　课程的创新性和示范性

我校人事处和教务处组织了示范课程的教学展示和教学分享活动，来自各个学院 30 余名教师参加了交流学习。我分享的主题是"全方位六创新，促师生共成长"。通过确立以学生成长为中心的教学理念，引入了新工科和科研的一些教学内容，利用了多样化和信息化的教学资源，开展了分层型和导向性的教学过程，采用了在过程性和同伴评考核的一些方式，最终使学生在知识引领、能力塑造和素质培养方面都能够达成教学目标。

问题 3　参加示范课堂活动的感受

通过学习其他参评教师和国家一流混合课程教师的分享，我也学习到在课堂中可以采取多样的教学方式，如问题导向和比较教学法等，能让一些枯燥的理论灵活生动起来。我们也知道很多教学成果不是一蹴而就的，而是要通过平时的积累，通过在课堂上对学生需求的关注，不断进行教学创新和成果积累，最终才能成为创新的教学体系。

请扫码观看
张琴的访谈

"自动化仪表与过程控制" 课堂教学设计表

课程名称		自动化仪表与过程控制
授课对象		电气系三年级、四年级本科生
节选课堂章节		第三章 控制仪表 第一节 基本控制规律及特点：比例积分微分控制
课堂简要内容		(1) 比例微分原理。 (2) 比例积分微分原理。 (3) PID 控制系统仿真。
教学目标		(1) 通过本节课学习，每个人能清晰复述 PID 控制规律的原理、时域和离散化表达式。 (2) 在课堂上，每个学生能学会分析比例、积分、微分控制规律的控制效果。 (3) 小组实现 PID 控制系统仿真编程，并比较参数值的影响。 (4) 具备仿真工程应用和对不同参数下仿真效果的思辨能力，养成严谨的科学态度。
教学分析	内容	(1) 比例微分控制规律的原理。 输出量 u 与输入偏差 e 和 e 的微分成正比，微分提前控制减超调。 (2) 比例积分微分控制规律的原理。 输出变化 $u(t)$ 随输入偏差 $e(t)$、e 的微分和积分成比例关系，积分消除余差。 (3) PID 控制系统仿真。 用 Matlab 软件中的 Simulink 搭建模型，调试参数分析性能指标。
	重点	(1) 比例微分和比列积分控制规律的原理。 (2) 参数的影响分析。 (3) 编程仿真调试参数。
	难点	控制参数的影响分析。 教学对策：通过无人物流小车运作视频及 Simulink 仿真，引导学生思考、分析、理解原理和解决问题。
教学方法		引导式、讲授式、提问式、启发式、讨论式、演讲式
教学理念		首先是尊重认可学生的问题和需求，从大国重器到科技报国实现多方位思政教育，引领学生端正学习宗旨；进一步发展学生树立正确的知识、能力和情感价值目标而驱动主动学习，并充分考虑学生学习风格等差异，因材施教以方便学生学习；确立"以学生发展为中心，一切为了学生"的教学理念。
教学策略		采用 BOPPPS 来组织课堂教学设计。首先，通过课程回顾、案例视频、惊人数据、提出问题来导入课程内容，让学生明确学习目标，知晓要掌握的知识和达到的能力。通过前测完成线上课到线下课的衔接，进而开展讲授学习、小组讨论、深度学习、翻转课堂，使学生能够深度参与课堂的学习。通过随堂练习和主题思考后测学生的掌握情况。最后，教师做相关思政延伸，并由学生完成课程总结。
教学手段		(1) 幻灯片：是最主要的教学手段，展示重要概念、结论、图片等，辅以动画展示帮助直观理解原理。 (2) 板书：完成 3 种控制特点比较，关键字的提出、归纳、总结。 (3) 视频：直观展示无人物流小车运行的过程，激发学生兴趣。 (4) 教具：展示无人物流小车，加深学生印象及记忆。 (5) 思考学习：根据教学设计设置多个情景式问题，训练学生的逻辑思维，考查学生的掌握程度。 (6) 课程思政：与内容相关的思政引申，引起学生深思、学以致用。 (7) 课后拓展：提供文献资料，学生可根据个人兴趣自主延伸学习。

(续表)

学科前沿	全球规模最大的自动化集装箱码头,全国第一条数字轨道交通的无人驾驶技术。
课程思政	特别的逆行者——无人物流小车助力防控疫情,学习勇往直前的精神,用技术服务社会。

<table>
<tr><th colspan="2">教学实施过程</th></tr>
<tr><td>教学思路</td><td>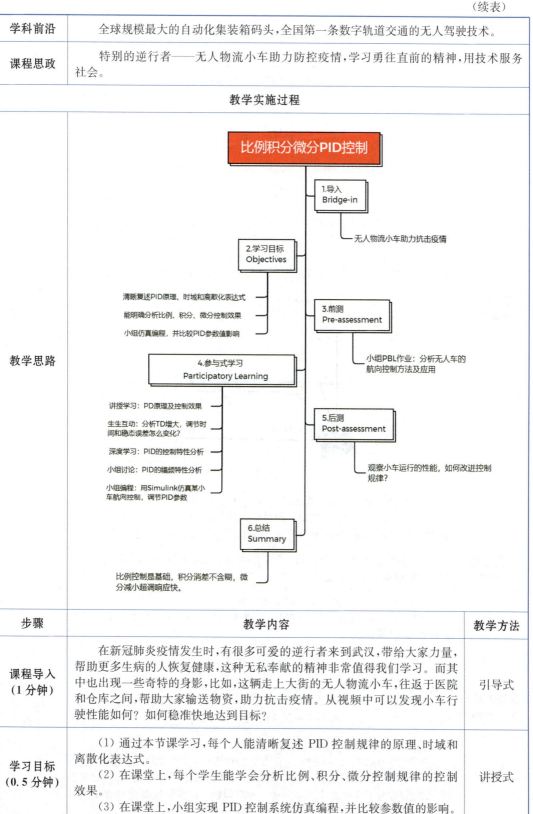</td></tr>
</table>

步骤	教学内容	教学方法
课程导入 (1分钟)	在新冠肺炎疫情发生时,有很多可爱的逆行者来到武汉,带给大家力量,帮助更多生病的人恢复健康,这种无私奉献的精神非常值得我们学习。而其中也出现一些奇特的身影,比如,这辆走上大街的无人物流小车,往返于医院和仓库之间,帮助大家输送物资,助力抗击疫情。从视频中可以发现小车行驶性能如何? 如何稳准快地达到目标?	引导式
学习目标 (0.5分钟)	(1) 通过本节课学习,每个人能清晰复述 PID 控制规律的原理、时域和离散化表达式。 (2) 在课堂上,每个学生能学会分析比例、积分、微分控制规律的控制效果。 (3) 在课堂上,小组实现 PID 控制系统仿真编程,并比较参数值的影响。	讲授式

(续表)

步骤	教学内容	教学方法
前测(3分钟)	小组 PBL 作业：分析无人车的航向控制方法及应用。	引导式
讲授学习 5分钟	1. 比例微分控制规律 PD 的原理及控制效果 比例微分控制——输出量 u 与输入偏差 e 和 e 的微分成正比(PD 控制)，时域表达式为 $$u = K_P\left(e + T_D \frac{de}{dt}\right),$$ T_D 微分时间，是偏差比例和偏差的变化率的组合，传递函数 $$G(s) = \frac{U(s)}{E(s)} = K_P(1 + T_D s),$$ 当偏差产生一个 A 的阶跃信号时，就在微分的作用下产生一个很大的控制信号，当偏差不变了之后，这个微分作用就没有了，只有比例作用 $K_P A$ 的输出，由此可见：在偏差有变化的时候，微分起主要作用；当偏差不变的时候，比例起主要作用。用控制器编程时需要离散化，k 时刻的偏差引起的控制信号输出变为 $$u(k) = K_P\left(e(k) + T_D \frac{e(k) - e(k-1)}{T}\right)。$$  图 1　比例微分控制效果图 从 Simulink 仿真结果来看，小车会靠近目标值行驶，不会有"超调"现象。但是，有时候会发现小车接近目标值、但是偏差距离很小时，控制量的值也很小，并不足以驱动小车继续向目标位置靠拢，存在稳态误差，如何消除稳态误差？	讲授式 启发式 讨论式
生生互动 (3分钟)	提问：PD 控制满足了哪些性能要求，有什么不足？微分时间 T_D 越大，调节时间和稳态误差如何变化？	
深度学习1 (8分钟)	2. 比例积分微分控制 PID 的特性分析 比例积分微分控制(PID 控制)输出量 u 与输入偏差 e、e 的积分和 e 的微分成正比，时域表达式 $$u = K_P\left(e + \frac{1}{T_I}\int_0^t e\,dt + T_D \frac{de}{dt}\right)$$ 和传递函数 $$G(s) = K_P\left(1 + \frac{1}{T_I s} + T_D s\right)$$ 都结合了比例、积分、微分 3 种规律的输出。 如图 2 所示，当出现偏差时，在微分的作用下，有很大的控制信号输出；然后，在比例控制作用下，有 K_P 倍的输出，逐渐在积分规律作用下，控制输出逐渐增强，综合了 3 个规律的输出就是个对勾形。用控制器编程时需要离散化，k 时刻的偏差引起的控制信号输出变为	提问式 启发式 分析式

深度学习1 (8分钟)	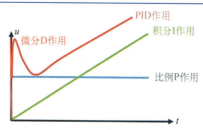 图2 PID控制效果图 $$u(k) = K_{\mathrm{p}}\Big(e(k) + \frac{T}{T_{\mathrm{I}}}\sum e(k) + T_{\mathrm{D}}\frac{e(k)-e(k-1)}{T}\Big).$$ 提问:PID控制满足了哪些性能要求？从 Simulink 仿真结果来看,在比例积分微分控制规律下,小车很快地靠近目标位置,并平稳地沿着目标位置航行,完美达到效果。加入微分控制,提高了系统的控制时间和动态稳定性,比例积分微分控制规律动态误差小,上升时间和调整时间快,并且无稳态误差。 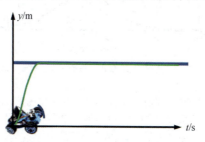 图3 PID控制小车的效果图		提问式 启发式 分析式
深度学习2 小组讨论 (5分钟)	1. 分析 PID 控制的性能 在控制系统设计或安装完毕后,被控对象、测量变送器和执行器这3部分的特性就完全确定了,不能任意改变。只能通过控制器参数的调试,来调整控制系统的稳定性和控制质量。某系统的模型为 $$G_o(s) = \frac{1}{2s^2+s+1},$$ 用 Simulink 仿真、比较此系统的 PID 控制性能。请学生分析系统性能并进行翻转课堂讲解。 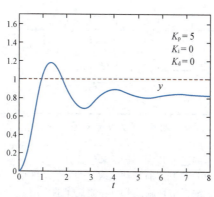 图4 比例微分积分控制下仿真曲线		提问式 启发式 引导式

深度学习3 (5分钟)	2. PID 的幅频特性分析 　　伯德图中黑色虚线是智能车系统的相频-幅频特性曲线,红线是比例积分微分控制系统的曲线,低频段曲线斜率变大,说明系统稳态精度提高了,稳态误差减小,提高了准确性,是积分的影响。剪切频率向右移了,中频段幅值带宽增加,系统的响应速度加快,系统相位裕量增加,稳定性增强。 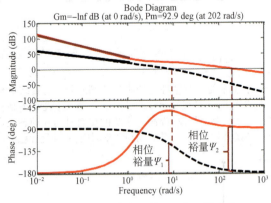 图5　智能车系统的相频-幅频特性曲线 　　微分环节使系统的相频特性增加了90°的相位超前,剪切频率右移,中频段变宽,控制速度加快,提高了系统的动态性能,但由于带宽增加,也把这个频段的噪声放大了,当 T_D 太大时,噪声也会影响系统稳定性变差,因此要设计合适的 $1/T_D$。由于微分作用的相位超前作用,在保持过渡过程衰减率不变的情况下,可以适当使开环增益(K_P)增加,这将使系统的稳态误差减小,同时也使系统的频带加宽(w 增大),提高了系统的响应速度。	提问式 启发式 引导式
小组编程 翻转课堂 (8分钟)	PBL 小组编程,调试参数分析对系统性能的影响,并进行翻转课堂讲解。 　　用 Simulink 仿真某小车航向控制,调节 P,I,D 参数达到稳、准、快的 PID 控制性能。 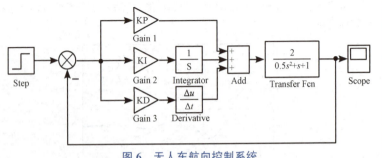 图6　无人车航向控制系统	引导式 讨论式
总结 (2分钟)	(1) 学习了 PID 控制规律的影响和表达式。 (2) 分析了 PID 控制在时域和频域中的影响和效果。 (3) Simulink 编程仿真调试 PID 控制规律的作用。 (4) 总结:比例控制是基础,积分消差不含糊,微分减小超调响应快。	讲述式 提问式

(续表)

后测 (3分钟)	(1) 观察小车运行的性能,如何改进控制规律? (2) 学生学会了 PID 原理,仿真也调试了不同参数的效果,接下来就该在系统中使用,请学生课后到智能车实验室动手实操设计和调试控制系统。	演讲式
思政引申 (1分钟)	(1) 从智能车比赛到京东无人物流小车应用,洋山港四期的 AGV 小车也实现了无人化自动运行。在提高配送效率的同时,增加了安全性,保障了生产生活的顺利,促进了中国与包括意大利等欧洲国家在内的"一带一路"沿线国家之间的运输、物流及双边贸易发展。 (2) 目前国内第一条数字轨道胶轮电车在上海投入使用,利用地埋无源磁钉形成数字化轨道,可实现列车自动导向和精确控制,具有编组形式灵活、智能化程度高等优点,打造绿色、智能、集约的交通体系。在大国时代,机会无处不在,打好扎实的基本功是创新的基础,未来是后浪同学们的。	讲授式 提问式
延伸学习 (0.5分钟)	(1) 作业:除了智能车航向控制,速度控制用到 PID,飞机在空中加油的对接控制也使用 PID,超过 97% 的反馈控制使用 PID 控制法。请查找 PID 在工业、军事、航空等方面的实际应用,并分析主要用到哪种控制规律。 (2) 我们掌握了 PID 控制规律,但不是所有的 PID 控制效果都很好。K_P、T_I、T_D 3 个参数的搭配相当重要,3 个参数是如何影响控制效果的? 如何来整定 PID 控制的参数? 请听下一节课讲解。	提问式
板书设计	$u(k) = K_P \left(e_k + \dfrac{T}{T_I} \sum e(k) + T_D \dfrac{e(k)-e(k-1)}{T} \right)$	
过程考核	(1) 学习通 1 道练习题; (2) 学生编程仿真调试效果; (3) 翻转课堂讲解。	
教学目标 达成度分析	(1) 通过本节课学习,每个学生能清晰复述 PID 控制规律的原理、时域和离散化表达式,达成度为 90%。 (2) 在课堂上,每个学生能学会分析比例、积分、微分控制规律的控制效果,达成度为 96%。 (3) 小组实现 PID 控制系统仿真编程,并比较参数值的影响,达成度为 100%; (4) 具备仿真工程应用和对不同参数下仿真效果的思辨能力,养成严谨的科学态度,达成度为 100%。 为了激励学生深度参与学习全过程,过程性评价比例提高到 60%。采用"五元过程性"评价体系,包括签到、随堂练习、视频学习、课后作业、PBL 项目、翻转课堂,其中又侧重于考核综合能力的 PBL 项目和翻转课堂。 PBL 小组作业平均成绩达到 90 分,说明学习风格小组开展讨论后综合水平得到提高,有效锻炼了学生的设计、协作和表达能力。 随堂练习平均成绩达到 85 分,说明学生全程参与度较高,实时掌握情况较好。 同伴互学和 Simulink 仿真进行翻转课堂效果分析,讲授是高阶段的学习,分析思路清晰,拓展了解决问题的能力和思辨能力。	
教学示范 意义反思	无人物流小车现已在生活中流行,通过"分析无人车的航向控制方法及应用"PBL 项目连接了前后课程,小组查找资料并在讨论后完成思维导图,培养其自学能力和表达能力。通过对小车模型直观地观察并思考方向控制的方法,随堂练习考核学生对 PID 表达式的理解和用 Simulink 进行仿真和分析的能力,在提问离散表达式中通过学生的思考和推理实现由已知到未知的推导;通过 Simulink 仿真、翻转课堂分享、动手实操,进一步理解 PID 的控制原理;生生互动和小组编程则强化同伴互学和优势互补,在化解难题的同时提高自信心。	

（续表）

教学示范 意义反思	同时，借助学习通和Simulink信息技术，更方便强化师生、生生互动，教师全程在线引领学生成为自主学习者，通过学生全过程深度参与理论和实践的结合，驱动学生有目标、主动地学习，提升各等级学生的知识和能力。

上海师范大学

学校交流

访谈嘉宾 上海师范大学教务处副处长　王　龚

问题1　学校课程培育的举措

今天我来介绍一下上师大关于教师发展和课程建设的一些做法,我们将它梳理成完整的一套体系。我们在课程建设过程中,从2015年在线金课建设开始,经过了3年在线金课,经过了3年国家"双万工程"、"双万计划",我们在不断地反思前期工作。作为市属院校,与复旦大学相比,我们投入的差异、教师的能力和学生的整体水平其实存在一定的差距,这是毋庸讳言的。

但是,我们要探寻一个适合于市属头部院校的发展方向,同时,也要在我们力所能及的情况下,完成我们的整个规划设计。这其中包含了教师的能力、管理人员的能力,也包含了经费投入的能力。所以,我们从去年开始,设计了课训赛一体化的教师发展模式。顾名思义,"课训赛"中课程是我们的工作核心,教发是我们的训练,赛就是青年教师和各类教学创新等大赛的赛事培训和参赛工作,我们将它们作为完整的一条链串了起来。在课程的建设当中,我们是围绕专业需求来进行的。

问题2　学校提升教师教学能力的举措

上师大是一所市属师范院校,一共有19个师范专业。在这一块中,我们设计了围绕师范专业发展所需要的各类主干课程,合作建设教学发展工作坊,是在这样一个层面中切入的,这样就会覆盖较广的教师层面。我们会有围绕一个学科或是几个相近学科进行的各类专家报告,以及我们的低密度工作坊。

低密度工作坊是在专家报告结束后一些教师在此基础上进行遴选,再由专业(教师)和专家进行合作,形成他们自己的教学设计工作坊的活动行为。所以,我们是从面向点逐步推进,在面上时我们以课程的发展围绕专业的需求、围绕教师发展的能力,来建构一种训练的模式,或者说是教师发展实训的模式。这样我们在面上能做到一次基本覆盖上百位教师。

然后,逐步进入点的前期,就是刚才所说的低密度工作坊的形式。在这一整条学科专业线上,我们有一批骨干教师,在主干课程的研发和主干课程的教学设计中,他们能够获得专家的全面指导,由这些专家指导建构我们自己的优质课程。基于这些,我们就进入新的训和赛融合的模式。

这一批课程建设还是有一定量的,我们是在一条主干线进行的。当我们进入赛事集训和赛事培养的过程中,其实就是从前面的建设过程中进一步遴选推举的一批教师来进行的。这些教师已经经历了前面两轮的海选,进入现场集中培训的阶段。他们经过自身的打磨,已经有了一定的基础。但是,要配合各类不同赛事的要求,我们会请对该项赛事有经验的专家,进一步对他们的教学设计以及表达和文本撰写,进行全面的、再一次的调整和打磨。

　　因为如果教师用一个通用文本去参加相应的赛事,有时在这些赛事的特色范围中会碰到一定的问题。这些赛事的侧重点不同,就好像青教赛和创新大赛,两者之间的差异其实是比较大的。在这一块中,我们一定要围绕赛事的需要、赛事的要求来进行特定的打磨,我们逐渐在向点进行覆盖。

　　当然,我们这一块工作与复旦大学和上海交通大学相比还有一定的差距。复旦大学蒋玉龙教授也经常作为专家来对我们的教师进行指导,我们后续也希望能够得到两所院校的全面支持,让我们分享复旦大学等院校最好的资源,也让我们的教师、我们的课程、我们的学生全面受益。

请扫码观看
王龚的访谈

教师访谈及教学设计

访谈嘉宾　上海师范大学　傅　毅
访谈内容　"统计学"

问题 1　课程介绍

我是上海师范大学商学院商业数据系傅毅,我讲授的课程是"统计学",面向商学院经管类专业二年级学生。这是一门必修课,主要帮助学生掌握获取数据、处理数据、描述数据、培养用样本推断总体的能力。在大数据背景下,大部分的行业都在做一些数字化的转型,所以,"统计学"课程的核心目标就是帮助学生具备运用数据说话的能力,形成良好的数字素养。

问题 2　参加示范课堂活动的感受

参加教学展示交流活动对我们有很大帮助。

首先,在交流过程中我们收获了很多来自同行专家的一些建议。比如,在"统计学"课程里,我们会深度融入项目化教学,但也会遇到一些困难。例如,在这种精准化的、小组项目化的教学过程中,教学内容是在相对增加的。在这个过程中我们得到了很多专家的帮助。比如,把一些内容整理好做成数字资源放到线上,把一些项目中值得去讨论的内容提炼出来放到课内,合理设置课内与课外的学习时间,等等。非常感谢同行专家的建议。

其次,我们在这个过程中也结识了很多同行朋友,对于我们开展教学和教研合作,这是一个非常好的平台。比如,大家都会遇到很困惑的一个问题,一旦做多元化的评价、小组评价、让学生和学生之间互评,这个成绩如何变得更加有效、精准?我们确实在讨论的过程中,针对具体的课堂环境做了很多交流,也收获了很多同行之间的建议。这些建议对于我们未来持续地改进课程,在课堂中持续地开展创新,包括教学评价、教学内容以及教学方法,都会有很大帮助。

问题 3　课程的创新性和示范性

我们觉得这门课程最有创新性的地方应该来自深度的项目融合。按照以往的教学方式,在课程中融入项目,可能是期中或期末放一个项目单独去辅导。在我们的课程中,是把项目这条主线和课堂知识这条主线不断地做交叉。随着课程推进、时间推移,教学内容在往前推,我们的项目同时在往前推,这样知识的学习和应用就是齐头并进的。这样最大的好处是,学生能够在项目的学习过程中提出问题,同时把这个问题带到课堂中,带着问题来学习要比单纯的开展预习好得多。

同时,我们还做了一些其他工作。比如,因为是"统计学"课程,公式比较多,我们就把很多公式希望表达的意义做成了动画。同时，也结合课程的知识点去挖掘大量的课程思政元素，希望在日常教学中盐溶于水，在课堂中发挥育人的功能，这是我觉得我们做的一点创新。

我们觉得可以拿来和同行分享的，就是我们挖掘、整理出来的课程思政的元素以及教学情境的构建（包括案例等），可以和同行一起交流。也希望和大家一起来推动"统计学"这门课程的发展，特别是在经管类专业中如何开展教学、如何持续改进和创新。

请扫码观看
傅毅的访谈

"统计学" 课堂教学设计表

课程类别： 专业必修课　　　　　　　　**授课对象：** 经管类本科生
授课内容： 匹配样本总体均值差的假设检验

课堂简要内容	"匹配样本总体均值差的假设检验"为本课程第七章《假设检验》中第八课时内容。在第五章《统计量及其抽样分布》中，课程已经完成了统计量抽样分布的教学。在第七章《假设检验》中，已经完成了独立样本 t 检验原理和方法的教学。本课时的教学内容是在前期概念教学的基础上，回答"匹配样本与独立样本的区别是什么"和"如何在具体问题中运用匹配样本总体均值差的假设检验解决实际问题"等问题。课程内容从"玩视频游戏能减肥吗？"这一问题出发，引出匹配样本总体均值差假设检验的概念，分析匹配样本与独立样本的区别，并将匹配样本假设检验运用到具体实际问题。然后，结合教学内容，引导学生分析错用检验方法的风险，加深学生对于原理的理解和认识。最后，用学生实验数据开展课堂练习，进行知识巩固。 本课时的教学内容：通过举例和对比，运用问题将知识点串联起来，层层推进，由浅入深，有助于学生对于课程内容的掌握。
学情分析	学生已经完成了第五章《统计量及其抽样分布》和第七章《假设检验》前半部分的学习，理解并掌握了两个总体独立样本均值差的假设检验原理和方法。学生具备运用 Excel 软件处理数据和开展基础统计分析的能力。学生对于匹配样本的特点缺乏归纳，对于匹配样本与独立样本的区别缺少深刻的理解，对于匹配样本在实际问题中的具体应用，缺少相应的能力。 为此，本课时的教学注重原理讲解、概念辨析以及相关方法在实际中的具体应用和解释。
教学目标	1. 知识目标 （1）熟知匹配样本总体均值差假设检验（正态总体）的主要流程。 （2）理解匹配样本总体均值差假设检验（正态总体）思想，理解独立样本 t 检验与配对样本 t 检验的区别。 （3）能够灵活运用单侧或双侧匹配样本 t 检验解决相关的实际问题，并对检验结果进行解释。 2. 能力目标 （1）具备匹配样本 t 检验的灵活应用能力，能够在具体的情境下分析问题、搜集数据，按照匹配样本 t 检验的流程开展假设检验，并结合情境给出统计决策的解释。 （2）具备基本的搜集数据和利用数据的能力，具备利用 Excel 软件进行匹配样本 t 检验所需要的实践能力。

(续表)

教学目标	3. 素质目标 （1）提高学习兴趣。课程从"玩视频游戏能减肥吗？"这一问题出发，引导学生思考、讨论、总结、归纳。学生能够从问题的探讨中了解行业动态，拓展自身的知识视野，提升对"统计学"课程的兴趣。 （2）形成科学思维方式。学生在课程的学习中，提升运用统计学方法正确认识问题、分析问题和解决问题的能力，体会数据的价值，养成实事求是、用数据说话的科学思维方式。
教学重难点	1. 教学重点 （1）匹配样本总体均值差假设检验（正态总体）的流程与应用。 （2）独立样本 t 检验与匹配样本 t 检验的区别。 2. 教学难点 （1）匹配样本总体均值差假设检验（正态总体）的活学活用。 （2）独立样本 t 检验与匹配样本 t 检验的区别。
教学理念与策略	课堂设计理念是以支持学生的有效学习为中心、以产出为导向，致力于培养服务经济发展需要的新应用型文科人才。 教学策略体现为"以解决问题为抓手，通过层层设问引导学生主动发现知识的本质特征"，具体包括： （1）通过提出"玩视频游戏能减肥吗？"建立问题情境，引出匹配样本总体均值差假设检验，引导学生在具体的情境中思考问题，加深学生对于匹配样本 t 检验的理解，激发学生的学习乐趣。 （2）教学中以具体问题贯穿课程，强化学生对于匹配样本总体均值差假设检验在实际问题应用中的理解，增强学生灵活运用匹配样本总体均值差假设检验解决实际问题的能力。 （3）融入学生项目内容，让学生在"学"中"做"、"做"中"思"，并以"思"促"学"，帮助学生改善学习体验、激发学习热情、提升学习效果。
教学资源	（1）MOOC（华中科技大学）：https://www.icourse163.org/course/HUST-1003448001 （2）单样本和配对设计资料的 t 检验（中山大学公开课）：http://open.163.com/newview/movie/free?pid=MECGTMI3L&mid=MECJPQJIM
教学方法与工具	1. 主要教学方法 （1）"情境"式教学。通过提出"玩视频游戏能减肥吗？"这一问题，引起学生一定的态度体验，使学生身临其境，激发学生学习的兴趣，培养学生的分析能力、创新能力。 （2）"图形辅助"式教学。通过图形辅助，帮助学生快速掌握匹配样本总体均值差假设检验的统计量及其决策过程。 （3）"问题导向"式教学。将问题贯穿课程教学的不同阶段，师生围绕问题以及为解决问题而分解的任务来展开，兼顾了理论与实践、知识的传授与运用，构建了在教师指导下学生为主体且实际参与的教学，有助于培养学生的学习能力、创新能力和实际动手能力。 2. 主要教学工具 多媒体教学（计算机、投影仪）、激光笔、教学资料（PPT 等）、粉笔、黑板擦。

一、教学实施过程*

(一) 教学导入环节(5分钟)

1. 教师活动

展示教学案例。

提问：玩视频游戏能减肥吗？有机构认为在传统运动器械上增加运动视频游戏有助于减肥。应该如何检验该判断呢？

2. 学生活动

预设回答 1 对比试验。

预设回答 2 抽样。

3. 教师活动

课堂讲解 邀请一组试验对象，参加两次试验并对比。调查得到的是样本，两次试验之间的差异具有随机性，需要假设检验判断。

小结 介绍具体的问题场景，展现样本特点，为引出匹配样本 t 检验做好铺垫。

【设计意图】 以"玩视频游戏能减肥吗"为课程导入，通过简介运动视频游戏，设置情境，令学生有身临其境的体验。学生在设置的情境中分析问题、解决问题，有助于激发学生的学习兴趣和学习的主动性。

(二) 新知教学环节(25分钟)

1. 教师活动

提问 这样的调查数据有哪些特点呢？

2. 学生活动

预设回答 1 两次的样本量一样。

预设回答 2 是同一对象的。

3. 教师活动

课堂讲解 不能。

(1) 介绍匹配样本特点。

(2) 匹配样本总体均值差假设检验统计量(正态总体)。

$$T = \frac{\bar{X}_D - D_0}{S_D/\sqrt{n}} \sim t(n-1),$$

$$\bar{X}_D = \frac{\sum_{i=1}^{n} X_{D_i}}{n}, \quad S_D = \sqrt{\frac{\sum_{i=1}^{n}(x_{D_i} - \bar{X}_D)^2}{n-1}}.$$

---

* 每课时 45 分钟，计划用时可根据课堂教学实际情况适当调整。

(3) 假设检验的基本流程。

(4) 讲解例题：有机构认为在传统运动器械上增加运动视频游戏有助于减肥。为了检验该判断，对 20 名青少年开展了试验，试验数据如下：假设每分钟的能量消耗服从正态分布，请问增加自行车运动游戏是否有助于青少年的能量消耗（$\alpha = 0.05$）？

游戏	A1	A2	A3	A4	A5	A6	A7	A8	A9	A10
有	5.04	6.97	5.52	4.77	5.57	5.67	5.13	4.88	4.55	8.89
无	7.27	3.46	3.20	6.72	2.79	3.37	4.72	4.95	7.14	3.11
X_{D_i}	2.23	−3.51	−2.32	1.95	−2.78	−2.30	−0.42	0.06	2.59	−5.77
游戏	A11	A12	A13	A14	A15	A16	A17	A18	A19	A20
有	5.14	4.62	7.90	4.29	7.98	6.92	5.51	6.41	7.04	5.25
无	6.10	4.01	4.49	5.00	5.33	4.32	3.54	6.53	6.66	6.02
X_{D_i}	0.96	−0.61	−3.41	0.71	−2.66	−2.59	−1.97	0.12	−0.38	0.78

(5) 给出解题过程和决策。

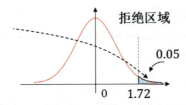

提问 有没有其他的决策方法？

4. 学生活动

开放讨论。

5. 教师活动

课堂讲解 P 值的决策方法。

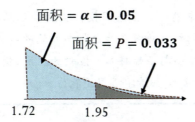

提问 独立样本和匹配样本的抽样分布好像没有区别，能否用独立样本的检验统计量？

6. 学生活动

预设回答 1 不知道。

预设回答 2 应该不可以。

7. 教师活动

课堂讲解 t 分布的自由度不同，统计量的方差不同。

【设计意图】 结合例题中的具体信息,讲解匹配样本总体均值差假设检验的概念,帮助学生能够在知识点上建立起理论与实际的联系,加强学生对于匹配样本 t 检验概念的理解、认识,提高知识点的应用能力。

(三) 新知巩固环节(10 分钟)

1. 教师活动

提出"橘子摇一摇是不是会变甜"的问题,给出截然相反的观点,请学生提出看法。

2. 学生活动

开展实验的小组介绍实验并展示数据。

3. 教师活动

将数据归纳成例题,要求学生在课堂完成,并进行例题解析。

【设计意图】 通过基于实验数据的课堂练习,强化并巩固匹配样本总体均值差假设检验的基本流程,熟悉 Excel 软件的相关操作,提高学生对于匹配样本 t 检验的认识,增强学生的分析能力和探索精神。

(四) 课堂小结环节(5 分钟)

教师活动

课堂讲解 回顾前提条件和匹配样本总体均值差假设检验的原理,总结检验统计量和检验步骤等重要知识点。

提问 如果该机构的研究人员在研究中错误地运用了独立样本 t 检验来检验"视频游戏"问题,这样会有什么问题? 需要面对什么风险?

【设计意图】
(1) 通过总结归纳匹配样本总体均值差假设检验的知识结构,帮助学生系统地梳理知识点、加深印象。同时,也增强学生总结与归纳的能力。
(2) 通过辨析独立样本 t 检验与匹配样本 t 检验的区别,提高学生的分析能力,加深知识点印象,增强对于知识点活学活用的能力。

二、课后作业与预习任务

1. 知识巩固练习与预习任务点安排

(1) 课程平台练习题 4 至 6。
(2) 预习下一课时内容。

2. 知识巩固练习与预习任务点评价

等级 标准	等级一 (90~100分)	等级二 (80~89分)	等级三 (70~79分)	等级四 (60~69分)	等级五 (60分以下)
知识巩固练习	完成所有习题,作业完全正确,过程严谨,字迹工整。	完成所有习题,作业基本正确,过程较为严谨,字迹清晰。	完成所有习题,存在较多错误,过程不完整,字迹较为清晰。	存在部分习题遗漏,存在较多错误,过程不完整,字迹较为清晰。	存在部分习题遗漏,正确率较低,过程缺失严重,字迹潦草。
预习任务点评价	能够回答网上预习单中全部问题,表述清晰,有自己的观点,回答正确。	能够回答网上预习单中全部问题,表述较清晰,回答基本正确。	能够回答网上预习单中全部问题,表述较清晰,回答中错误较多。	能够回答网上预习单中部分问题,表述混乱,回答中错误较多。	能够回答网上预习单中较少问题,表述混乱,回答中有大量错误。

三、参考资料

[1] 茆诗松,吕晓玲. 数理统计学[M]. 中国人民大学出版社,2016,211-212.

[2] William M. Mendenhall,Terry L. Sincich,关静等译. 统计学[M]. 机械工业出版社,2018,319-323.

[3] Haddock B. L., Siegel S. R., Wikin L. D.. The addition of a video game to stationary cycling: The impact on energy expenditure in overweight children[J]. *The Open Sports Sciences Journal*, 2009, 2: 42-46.

[4] Xu M., Fralick D., Zheng J. Z., Wang B., Tu X. M., Feng C.. The differences and similarities between two-sample t-test and paired t-test[J]. *Shanghai Archives of Psychiatry*, 2017, 29(3): 184-188.

四、教学目标达成度分析

通过精心设计与课堂教学实践,本节课的教学目标总体达成。

在知识方面,学生通过课堂讲解能够掌握并理解匹配样本假设检验的主要流程,能够准确区分独立样本 t 检验与配对样本 t 检验,能够正确地在实际问题中运用匹配样本 t 检验并正确解释结果。

在能力方面,学生能够结合项目中的具体问题开展分析,并进一步搜集数据,利用 Excel 软件开展假设检验,结合情境给出统计决策的解释。

在素质方面,学生理解配对样本 t 检验在解决实际问题中的作用,对于课程的兴趣进一步提升。学生通过辨析,进一步加深了对于"用数据说话"的理解,进一步巩固了实事求是、求真务实的科学思维方式。

五、教学示范意义反思

本次课程的教学示范,是对在经管类专业中开展"统计学"这类基础理论课程教学创新的探索,其主要特色在于理论与实践相结合,既训练学生扎实的理论基础,又培养学生实际问题的解决能力,充分发挥基础专业课程的育人功能,为学生具备良好的数据素养打好基础。

教学创新点及其意义在于:①团队创新地采用双螺旋迭代法引入项目主线,解决了教学内容未能全面覆盖教学目标所需的痛点;②团队运用情境创设法,解决了以往教学方法重讲解、轻实践,以及学生学习效率不高的痛点;③团队设计了"五结合"评价体系和全流程项目评价量规,解决了以往评价方法未能对实践能力精准诊断的痛点。该教学示范可以为教学同行解决同类课程中的相似痛点问题,进而保障学生学习目标的达成,提供有价值的参考。

上海音乐学院

学校交流

访谈嘉宾 上海音乐学院教务处处长 谢苗苗

问题1 学校课程培育的举措

我是上海音乐学院教务处谢苗苗。近年来，上海音乐学院聚焦拔尖创新人才培养、提升根本质量，不断探索"教创演研"一体化的人才培养有效经验，致力于培养德艺双馨、红专兼备、国际视野、全面发展的拔尖创新艺术人才。我们深知，人才培养的着力点终在课程，以课程建设为核心，夯实课堂内涵，解决好教师的教与学生的学是我们不可忽视的。为此，我院持续推进本科教育教学综合改革，深入探索"教创演研"一体化人才培养模式和课程建设模式，并取得了一定的成效。

我院以"三课"、"四环"、"五质"全面推进和保障课程建设，以"教创演研一体化"拔尖创新艺术人才模式实现突破，持续出人才、出作品、出思想、出标准。

首先，以"三课"推进"金课"建设体系。加强在线课程思政建设，以"三课"建设，即课程思政、在线课程和选修课程，全方位立体完善我院本科课程体系。

其次，以"四环"助力"金课"建设特色。为更好地实现教学、科研成效，我院结合各专业特色，提出"教创演研"的教学模式，从"教"、"创"、"演"、"研"4个环节出发，要求我们的教师在建设课程的时候紧紧抓住课程类型特点和特色，充分挖掘课程的内涵进行创新。在"创"、"演"、"研"模块中，找寻自己的定位与方向，形成有机的闭环管理，并打造各专业之间联动作业机制。在课程的创新与优化上，就能够产生兼具专业性和普遍性、适应不同专业课程全方面发展的成效。

例如，上音原创歌剧《康定情歌》，以习近平总书记关于"两路"精神的重要指示，即"一不怕苦、二不怕死，顽强拼搏，甘当路石，军民一家，民族团结"为创作引领，充分依托国家"双一流"高校上海音乐学院在歌剧创作、表演、研究等方面的雄厚办学实力，以院长廖昌永领衔的声乐教育师资队伍与优秀学生团队为主体，以世界一流水准的上音歌剧院为呈现舞台，用情用力、专精打磨，献礼中国共产党第二十次全国代表大会。

可以说，创排《康定情歌》是音乐人才培养系统工程的总呈现，是多学科联动作业的重要检验。在"教创演研一体化"人才培养模式的实践中，上音形成了一支创作、表演、研究、应用全学科四轮驱动的优秀教师队伍，以出人才、出队伍作为价值追求，以传播先进文化、弘扬社会主义核心价值观作为导向，通过不懈的努力实现教创演研的协同。

最后，以"五质"助力"金课"建设质量，即：通过质保理念的更新、质保标准的坚守、质保机制的完善、质保文化的推广，最终实现良好质保效果。我院质量提升工作重点，以评促建，梳理和反思现有管理制度和内容。通过质保体系的保驾护航，建设基础扎实而又独具特色的上音优质课程样板。

问题2　学校提升教师教学能力的举措

在提高教师教学能力方面，上海音乐学院尤其重视对青年教师的培养。不仅通过助教、听课、带教等方式，帮助青年教师传承我校优良的教学传统，还通过同行评价、学生评教等评价机制，使教师能够客观了解自己负责的课程所带来的教学成效。2013年，我院成立教师教学发展中心，由教务处、人事处共同主管，使教师教学发展机制、激励机制等通过各部门联动得以有效推进。2022年8月，上海音乐学院教师教学发展中心升格为教师发展中心，挂靠教务处，继续为广大教师教学能力提升和开展教学改革提供重要支持和有力保障。

从2013年起，我们通过举办校内青年教师教学大赛，力求以赛促建、以赛促效，孵化、培育一批具有上音特色的"金师"、"金课"。在青年教师备赛过程中，我们动员课程所在教研室负责人及教师所在院系领导把关课程的质量，挖掘具有潜力的优质教师，进一步完善"教创演研"的教学模式，并将课程思政建设融入其中，夯实教师职业生涯全生命周期的培养灌溉。

请扫码观看
谢苗苗的访谈

教师访谈及教学设计

访谈嘉宾 上海音乐学院 吴 强
访谈内容 "民族室内乐"

问题 1　课程介绍

"民族室内乐"课程由上海音乐学院首创,建立于 20 世纪 60 年代,以胡登跳教授首创的丝弦五重奏为其早期形式,旨在通过不同乐器组合形式,培养学生对音乐作品综合知识的应用以及团队配合能力。从运动技能、协调配合、音响比例等诸多方面,提高学生室内乐演奏水平。"民族室内乐"是民族音乐系本科所有专业学生的主干课程,也是民族器乐表演专业本科教育综合素质和水平的全面体现以及最重要的呈现形式之一。

课程以民族器乐的中小型乐器合奏为教学形式,以近年来新创编的民族室内乐作品为教学内容。"民族室内乐"课程在 2016 年获得上海市级教学改革成功,发展至今,已经形成系统化的教学模式。课程分为传统组合形式与现代组合形式分层结合的模式开展教学,通过传统与现代的融合,让学生系统学习、掌握中国传统经典的合奏作品、现代室内乐作品,锻炼其演奏表达及合奏能力,从而达到民乐演奏人才全面均衡的能力要求。

问题 2　参加示范课堂活动的感受

此次教学示范展示交流,是对这门课程的一次全面综合梳理,也是对既往教学的回望。对于新时代人才培养的思想性、科学性、专业性、能力等方面,都需要积极向上的精神风貌,其促进作用如下。

(1) 延续性。此次教学示范课程是对自 20 世纪 60 年代起上海音乐学院一代代民乐教师教学思维的延续,也是今后进一步创新思维、改革教学的开始。这些宝贵的经验和收获将实现在平时我们的教研活动之中,提升教学品质,开阔教学视野。

(2) 思想性。通过此次教学示范课程,强调对传统文化、传统思想价值体系的认同与尊崇,在学生心中撒下文化自觉和文化自信的种子,唤醒学生对中华文化的深厚情感,提升民族责任感。

(3) 专业性。促进学生在专业演绎上对民族音乐现代发展技艺及其内在的思想情感表达等方面有所突破。有针对性地了解和学习民间音调的特点,尤其是少数民族性格和民风特点,在宏观的作品情境之中,强化并凸显民族乐器的个性以及演奏上的精致演绎。

(4) 促进性。以演促教,强调学生在实践实战过程中培养良好的审美情趣,鼓励并加强学生在舞台实践中加强情感表达的能力,深入培养现代文艺个性意识。

(5) 引领性。促进学生对中国优秀传统文化的理解,培养学生强大的团队合作艺术和能力,形成"既当红花也当绿叶"的良好风尚。在上音"教创演研"音乐文化教育大战略培养体系之下，实现对高素质、高技能、高思想境界的新时代艺术人才的培养。

问题3　课程的创新性和示范性

（1）从作品的选择上弘扬爱国情怀。在教学过程中，以作品的传统性、经典性作为价值标杆，以具有爱国情怀、文化内涵的作品作为首选，从作品的选择中向学生树立正确的、有导向性的价值观。

（2）从乐器的组合中凸显中国音乐语汇。在训练中将学生置于相应的音乐语境中，倾听乐器组合中所产生的音响，感受中国乐器所表达的音乐语汇，让学生将文化自信作为一种内在的力量，将民族室内乐推向现代、推向国际，推动经典性作品在国际舞台上的交流。

（3）从实践的过程中培养审美情趣。通过对乐曲的讲解，引导学生进行情感体验，通过实践鼓励学生在演奏过程中注入自身对乐曲的理解，加强情感表达能力，培养学生的审美情趣。在教学的进阶模式下，深入培养学生民族室内乐的现代意识。

（4）在课程教学的同时，将既往教学成果做成资料置于数据库中，也将最新的学术研究成果置于其中，引导学生开展新的研究和相关的自主发展探索。

（5）课外培养模式以布置作业为主，也辅以重奏课下训练或兴趣小组的形式，形成课上课下小组等多种作业形式，即课程特色的、纵向的、综合的现代课外培养模式。

"民族室内乐"课程属上海音乐学院首创，是上海音乐学院的强优质学科。本课程填补了国内专业音乐院校"民族室内乐"课程的空白，在传承民族经典音乐文化上尤有成效，是目前国内此类课程中的典范。

请扫码观看
吴强的访谈

"民族室内乐"　课程教学设计
——课程《索玛》

 授课内容

大型民族室内乐《索玛》。

1. 创作背景

《索玛》创作于2017年5月，是著名作曲家周湘林教授专为上海民族室内乐团精心设计并创作的现代民族室内乐作品，也是专为《龙之声》民族室内乐专场音乐会而新创的一部大型民族室内乐作品。

2. 题材来源

彝语称"杜鹃花"（又名"映山红"）为"索玛"。索玛不仅被彝族人视为圣花，同时也是彝族美丽姑娘的代称。传说中一位彝族男青年力大无比、智慧超群，为拯救百姓与恶魔展开殊死搏斗，他的躯体在熊熊烈火中化成了高山。爱慕他的彝族女青年悲恸欲绝，在极度伤心中死去，变成了漫山遍野盛开的索玛，永远守护着她心目中的英雄。这是一个无比动人的爱情故事，正如洪烛在诗中所说："最美的花是最美的女人变成的……"

3. 曲目特点

作曲家用彝族支系花腰、仆拉的民族民间音乐为创作素材，充分发挥中国民族器乐尤其是弹拨乐器绚丽的演奏技术与特征，以简洁的音乐语言和明晰的音乐结构，以崭新的创作理念以及对当代作曲技术的独特认知，期望与听众一起分享和感受激越的彝族舞蹈、火红的索玛以及年年盛开的爱情。

乐曲挖掘了彝族的民间音乐素材，基于较大型民族室内乐进行多结构发展、多层次布局、多民族乐器色彩音响等处理，从而凸显彝族音乐元素个性、扩展现代民族器乐特型音乐意境，是一部现代创新型作品。音乐欢快热烈，现代民族室内乐手法将多种情韵的民间音乐文化以及民族音乐情趣隐含其间，给人以极强的艺术感染力。

4. 授课教材

采用我院编著出版的系列教材《民族室内乐曲集》、《民族室内乐优秀作品选》、《现代民族室内乐教程》、《胡登跳丝弦五重奏作品集》、《当代新创优秀室内乐曲选》（自编，待出版），以及新委约创作的优秀作品。

二、学生分析

学生能力:大学一年级的学生已在各自乐器演奏领域具有较为扎实的基本功。

已具备基础:学生在学习3个学期传统室内乐的基础上,具备了较为全面的合奏能力,尤其是针对各乐器不同特性所需互相配合方面的能力;并且在学习中掌握了传统合奏中的基本要领,如民间展衍变奏手法"你繁我减"、"你响我弱"、"你进我退"等。

现代室内乐:室内乐的体裁源于西方,其核心就是合作,培养学生在团队中共同完成作品的能力。学生进入现代"民族室内乐"课程中,器乐演奏技艺的开发需具有更大的尝试。因此,在对现代民族室内乐团协作技艺多形式发展基础上看,学生在课程学习中要达到的演奏技术以及个人修为等素养要求更为宽泛,演奏要求更为精致,在发扬传统文化的思想意识方面要求表达更加深厚浓郁。

可能存在的困难和问题包括:对民间、地方音调的风格性了解不足,对乐器间的情境转换稍微欠缺,对现代民族室内乐音色音响的转换稍微生硬,对室内乐配合原则的学习和把握上存在不确定性,部分学生性格状态导致创造性主动意识不够,等等。

针对学生上述优缺点及性格设计如下教授方式:①宏观把握的引导;②个别之处的精细指导;③民族音乐的个性凸显;④作品风格的精准理解及定位。

三、教学目标

(1)在"双一流"学科背景下,塑造学生民族音乐现代发展技艺及其内在思想情感。根

据作品的内容,有针对性地了解和学习西南地区以及彝族民间音调的特点,引导学生对当地器乐演奏的特点和风格进行模仿并达到掌握。尤其需要学习彝族同胞载歌载舞的民族性格和民风特点,以期在音乐表现中得到深刻体现。

(2)在宏观的作品情境之中,注意细节的精微处理,形成情景交融的彝族民间音调的现代音乐氛围。对全曲3个部分中的每一个部分需对表达内涵进行合理的阐述,时而粗犷、豪放,时而细腻、内在,通过细化表达强化并凸显民族乐器的个性以及演奏上的精致演绎。

(3)在教学的同时,培养学生的自身排演能力,对同题材风格作品进行横向比较,引导学生感受同样民族器乐的合作而产生的不同音响。通过对不同编制的纵向音响比较,了解音色和情感表达的对比度。通过多类型器乐形式和题材的呈现,学生对音响、力度、速度的反映直接体现在器乐文化使用上的感受,对触力点、合作点的能力培养逐步提升。

(4)通过作品的教学,能深入理解乐曲中深厚的民族情怀。乐曲旨在挖掘国家宏观文化及其思想情感,也在作品的演奏教学中具体、全局地予以明示,能从此次的曲目授课中学习艺术价值判断及其发展理念、思想深刻认知与家国情怀。

四、教学过程

1. 教学方式

根据作品的具体编制,由教师现场组织教学。

(1)讲解。通过对作品的整体梳理,学生能够了解对该作品的演绎所要表达和应做好的标准和要求。

(2)演示。强调作品中相对独特的特点和要求,从最佳的渠道使学生能够更直观地看到和听到。

(3)引导体会。通过分析和体会,引导学生由内至外的表达和理解。

(4)综合分析。通过学习作品的内容、地域特征较强的风格特点,做到对作品的深入体会和对演奏的积极配合。

2. 教学渐进过程设计

(1)乐曲分段落讲解。对段落中存在的个人技术以及互相配合中的难点,加以练习和解决。

(2)初步教学并不断明示其中潜在的问题。在合作过程中,在排练中应不断培养学生学会耐心倾听一些不明显的乐曲特征和旋律,互相分析,使作品的层次体现更加清晰干净。

(3)指出其中的不足、不到之处。室内乐课程强调互相合作、共同展示,配合不佳是在所难免的,需要指导学生在不断坚持和努力下,将缺点转化为优点,突出团队精神。

(4)宏观解构乐曲之妙并指导全曲的演绎。通过分段式对技术、对合作、对困难点各方面指导并解决,对技术的内部开展也有积极的作用。

3. 教学重点及难点讲解

(1)乐曲的彝族音乐情境;

(2)乐曲的结构布局及其各部分间的连接;

(3)乐曲的音色音响的控制;

(4)部分繁难、艰涩段落的处理。

五、教学小结

对《索玛》这首作品的创作背景以及排演中技术难点要领等进行综合解析,使学生能够充分掌握对这首作品的把握和演绎,具体如下。

(1) 乐曲的思想境界的表现:家国情怀,民族情感,风格境界。

(2) 多声部关系的处理:主属关系的不同段落理解,音乐线条的凸显与发展,层次的渐变处理。

(3) 演奏的主题性技艺的显现:协同发展的合作意识,乐曲演奏中的细节,今后排演中的借鉴。

(4) 乐曲表现与室内乐发展:个体与全局意识的表达,民族室内乐的特色显现,现代与传统的关系。

通过对"民族室内乐"课程的学习,使学生能够充分理解和掌握民族室内乐这一体裁应该强调和关注的原则,有助于在今后各类器乐的合作中有更多的借鉴作用,培养学生强大的团队合作意识,形成"既当红花,也当绿叶"的良好风尚。

上海戏剧学院

学校交流

访谈嘉宾　上海戏剧学院教务处处长、研究生部主任　沈　亮

问题　学校课程培育的举措

我校一共有17个专业，其中14个专业获得了国家级和上海市一流本科专业建设点，14个中有10个是国家级一流本科专业建设点。在"双万计划"里除了一流专业外，还有一流课程，在国家级一流课程的建设中，我们有6门课程获得了这个称号。在专业建设之外，我们近年来在学科评估方面也取得了较好成绩。在"戏剧与影视学"第五轮学科评估中，我们获得了"A"。因为我校的特点，在专业学位的研究生评估上取得的成绩会更好一点，"戏剧"和"戏曲"都是"A+"，"广播电视"和"电影"是"A"，"舞蹈"是"A−"。在这方面我们觉得跟同类艺术院校相比，我校还是做得比较好的。最近我们还获得了两项国家级教学成果奖，一项是本科的，一项是研究生的。取得这些成绩，跟我们的课程培育是分不开的。我们在做课程培育时有以下3个方面，我想特别与各位交流一下。

一个是我们全覆盖地进行了课程教材和讲义的培育。"全覆盖"分为两个方面：一是所有课程的全覆盖，二是课程思政的全覆盖。所有课程的全覆盖，首先我们做了一个全体教师的讲义计划，所有教师只要愿意参加这个计划，我们就立项给予经费支持，不需要进行评审。这样就能够让愿意参加教学质量工程的人直接参加，这是一个全覆盖。

我们在做课程思政时也进行了全覆盖，特别是我们提出了课程思政方面的"三然"理念——教育的本然、艺术的天然、上戏的自然。这3个"然"是这样解释的：课程思政是教育本来要做的事情，特别是我们在艺术类专业，课程思政方面就是我们如何引领学生，如何为人民群众创作出更好的作品。对于上戏来说，我们早已进行系统性课程思政建设，特别是聚焦在剧目、篇目还有项目的内容方面狠抓这一内容。当然，我们也在课程思政方面凝炼了一些具有上戏特点的课程思政元素，如中华文化传统的传承、艺术的品格和美学的追求。把这些元素纳入课堂中，让教师比较有抓手地去进行课程思政的建设、深化课程的内涵，这是一个全覆盖。

另外一个方面是比较积极主动地进行金课建设。为什么说比较积极主动呢？因为艺术类高校与综合类高校不一样，我们的金课建设，特别是线上课程的建设，相对于其他艺术高校开展得还是比较早的。像我校王苏老师的"语言技巧训练"这门课程，在原来的基础上，其教育教学方法有很大提高。我们原来的课程基本上都是实践类课程，这类课程是进行小班化、精品化的教学。教师与学生在课堂上的交流是非常充分的,这种互动式是我校的一个特色。但是,我们以前只在课堂进行教学,还没有线上教学的意识。如果我们开展了线上教学,课堂的互动就变得更有效果,这是我们在做的。现在我们很多课程都已经上线,有很多舞蹈课程也已经上线,这也扩大了上海戏剧学院在高校中的知名度,为我们做线上课程、线上线下的混合型课程打下很好的基础。在我们做线上课程时,教育部还没有提出 5 类课程的建设方案。

此外,我们进行了夯实传统、跨专业联合课程的建设,这也是上戏的一个特色。因为我们的教学无论是戏剧戏曲还是电影电视,各个专业的学生在做毕业作品或实习作品时,包括三年级、四年级的作品都是联合做的。在联合做的过程中需要很多协调,也产生了非常好的效果。所以,我们把这一类课程进行了梳理,使之更加规范。因为这一类课程的梳理和规范,才能让我们在首届教师教学竞赛中取得了很好的成绩。这门课程的主讲老师获得了国家级奖项。这种培育我们是从全覆盖的基础上,进一步地进行"一对一",甚至是"多对一"教师的培训,让我们的教师从原来这些课程中更加规范化地总结、深挖内涵,才取得比较好的成绩。

第三个方面我想交流一下的是我们戏剧学院有一类课程其实是短板,就是通识类课程。这是我们接下去要努力做的方向,包括上一阶段我们也花了很多时间去孵化了一批通识类课程。我们把学校的通识类课程分成了几个模块,其中特别重要的模块叫"戏剧奠基"。为什么叫戏剧奠基?因为我们虽然是戏剧学院,但其实有舞蹈,还有电影电视。在这些专业的课程体系里,戏剧的影子并不是很多。我们作为戏剧学院的本色,还是以戏剧为基础的,所以我们开设了"戏剧奠基类"模块。我们还开设了"人文素养"模块,这也是为夯实上海戏剧学院学生的人文素养,以及和传承中华传统文化、开拓国际视野。像类似这样的模块,我们还有"探索世界"模块、"跨界拓展"模块和"创新创业"模块。我们希望在这些模块里能够建设 2~30 门课程,这样我们就可以在艺术类院校里实现比较有特色的通识教育。

我们学校比较小,学生只有 3 000 多人。在一个 3 000 多人的学校,在 300 多位专任教师的工作下实现通识教育,与综合类大学相比是非常困难的。我们还是在努力培育这方面的课程,也是向兄弟院校,特别是复旦大学通识教育的课程学习。我们准备在各个模块中遴选一批课程,叫做"通识核心课程",这些课程主要围绕学生的写作能力开展。写作能力不单独列出来培训,而是依托于各个模块的通识课程,在课程里讲授本来的知识,但会增加一个学术性写作的任务。这种学术性的写作主要培养学生的逻辑思考能力和表达能力,而不是单纯为了写论文。对于艺术类院校的学生来说,通识课程可以锻炼逻辑能力、表达能力。这就是我想分享的 3 个部分。

我们的课程培育也并不是那么复杂的。如果教师真正意识到要把精力放在课堂上面,那每一门课程就会上得更好。对于教师教学的发展来说,主要还是要高度重视教师的课程教学,有各种各样的引领和促进措施形成这样的氛围,我相信我们的课程培育会达到更好的效果。

请扫码观看
沈亮的访谈

会议发言及教学设计

发 言 人 上海戏剧学院 王 苏
发言内容 上海戏剧学院表演系台词教学的创新与思考

用声音和语言绘画,用温暖和真情教学。今天我要和大家一起分享的是上海戏剧学院表演系台词教学的创新与思考。我从4个方面进行汇报。

第一点是台词课的守正创新。为什么我们要改变几十年来针对演员训练的口传心授的教学方法?我们做出了探索。长期以来,上海戏剧学院表演系采取的是小班化、精英化的教学模式,台词课是表演基础课的重中之重。口传心授式的教学方法,也就是"我说你学",在这样的教学模式下,学生往往只会完成单一的作品表达与角色塑造,不善于总结规律、独立思考、举一反三。而现在"语言技巧训练"在前辈的教学基础上,通过研究和创新,引入心理学、符号学、人类行为学等学科的研究成果,形成台词教学的理论基础,用理论指导实践训练,这是一次很大的突破。我们编写的《话剧语言训练教程》获批"十二五"国家级规划教材,在教材中我们归纳出作品的三点定位法、语言的类比法、语言的3种基本形态,让学生学会如何用声音和语言绘画,如何获得自主处理作品的能力。

第二点是课程教学的创新点。一是从"模仿型"到"方法式"教学,改善原有的模仿前辈作品、教师做示范的教学方式,代之以教师传授创作方法、学生运用方法进行创作的教学模式。二是依托于生生互动式教学,培养了自主创造角色的能力。通过引导学生提问、讨论、质疑,提高学生在艺术创作中解决具体问题的能力,让学生真正成为学习的主人。三是依托数字教学,融合线上线下优势互补。对于艺术课程,学生往往忽视理论的学习。我们的课程设计了线上线下混合式教学,就是要解决这一难题。线上教学偏重理论,线下课堂偏重纠错,从纠错到启发,验证线上理论与方法,提升课堂的教学效率。课程不仅面向校内学生,也面向校外所有艺术类学生,课程学习人数已经到了6.8万人次。四是教学空间的拓展。我们走出课堂、走进剧场、走向社会,打破课堂空间的限制,将小课堂带到社会大课堂,将研究成果多次与全国中小学语文教师进行分享。

第三点是实践成果与影响力。我们创新思政课堂,培养师资梯队,孵化实践成果,培养优质学生。接下来我重点介绍两点。一是创新思政课堂,实现润物无声。在课堂内外践行课程思政,精选真善美的经典篇目,创作家书系列,师生共同创作演出。让学生在创作和聆听、欣赏中华语言文字魅力的同时,润物无声地感受家国情怀、理想信念,引导学生懂得如何去爱——爱祖国、爱父母、爱身边的人。在专业上,树立起他们正确的艺术观和创作观,增强文化自信,毕业后用学到的知识和爱去传递真善美。二是孵化实践成果,深度服务社会。我们成立了"品读"工作室,带领学生带着课题,走进乡村、城镇、机关、学校、工厂、矿山,将课堂教学应用于社会实践,用精品服务于人民大众。

经过几十年的教学实践和应用,我们一直在思考,通过打破口传心授的传统式教学和创新归纳总结的方法式教学,建立起引领润物无声的思政新课堂,致力于践行服务人民的艺术性创作,最终培养德艺双馨的引领式人才,我们将继续努力!

请扫码观看
王苏在上海高校
首届教学展示交流
活动总结会上的
发言

"语言技巧训练" 课堂教学设计

一、课程名称

语言技巧训练

二、节选课堂章节题目

用声音和语言绘画

三、课堂简要内容

通过文学作品的朗读,带领学生由分析作品入手,启发学生用声音和语言技巧,对从作品中感受到的东西进行表达。利用叙事散文、抒情散文、寓言故事和小说片段等不同问题,启发学生进行语言表达创作。

四、教学目标

学生通过朗诵不同问题,掌握语言表达的基本原理、基本技巧和创作的基本方法。在创作中能够灵活运用所学到的理论知识。通过朗读训练,学会分析文学作品,把掌握到的技巧运用到戏剧分析、人物分析中,学会自主创作。

五、教学理念与策略

本课的教学理念是启发式教学。摒弃过去台词教学中的模仿式教学——教师作出示范,学生一句句跟读。本节课通过之前教授的三点定位法、类比法等技法,让学生在分析和理解作品后,自主地进行台词表达设计和创作。教师则不断启发学生、提醒学生、引导学生,让其掌握自主学习和创作的能力。

六、教学实施过程

以教师的理论讲述和引导学生进行课堂实践为主。调动之前所学的知识,结合本节课

所给出的文学作品，进行语言表达创作。在创作过程中教师及时给予指导，引导学生进行自主创作。

七、教学目标达成度分析

通过课堂的讲授和训练，80％以上的学生能够达到自主创作台词的程度。另外，学生的创作在一定程度上还不能达到教师的要求，不能满足舞台需要。我们会选用新的文学作品、戏剧作品继续对学生进行启发，指导他们在舞台实践，最终达到教学目标。

八、教学示范意义反思

我们的目标是让学生掌握自主创作的能力，不单单是依靠观摩经典戏剧、逐步模仿和在课堂上对教师进行模仿，更多的是在"理解"的基础上自主创作。每一次的检验，不是重复以往的段子，而是一直拿出新的作品来重新检验、不断提升。

上海对外经贸大学

学校交流

访谈嘉宾　上海对外经贸大学教务处副处长　李医群

问题1　学校课程培育的举措

大家好！我是上海对外经贸大学教务处李医群。学校树立课程建设新理念，推进课程改革创新、突出学生中心、重塑教学内容、注重能力培养，着力打造有深度、有难度、有挑战度的一流本科课程，让课程优起来、教师强起来、学生忙起来、管理严起来、效果实起来，建设适应新时代要求的一流课程体系。学校现有国家级一流本科课程10门、上海市一流本科课程24门、重点课程37门、市级课程思政示范课程5门，有2门课程获得首批"上海高校示范性本科课堂"称号。

目前，我们主抓4个计划来打造优质课程。一是贯彻实施专业课程体制计划。全面修订"两方案一大纲"，持续开展优秀课程教学方案和课程思政示范课程评选活动。二是开展通识课程扩容计划。开设党的二十大进课堂系列通识类讲座课程，积极引进中国大学慕课、智慧树、学堂在线、超星等平台课程资源。三是积极推进产教融合、校企共建课程计划。加强自主开发和设计，打造实验实践类特色课程，包括虚拟仿真实验课程、访万企读中国、经济学田野调查、思想政治理论课社会实践等三大实践课程、创新创业类课程体系等。四是落实数字技术赋能计划。以国家智慧教育公共服务平台和上海智慧教育平台为依托，制定在线开放课程建设管理办法、线上线下混合式课程建设管理办法。学校有4门课程入选慕课十年典型案例，有26门课程上线国家高等教育智慧教育平台。

问题2　学校提升教师教学能力的举措

学校也非常重视提高教师的教学能力。一是加强教师教学能力和信息素养的培训。综合运用多种培训方式，坚持集中培训与自学相结合、专家指导和交流研讨相结合、理论学习与实际应用相结合、线上与线下相结合，从教学理念、教学设计、教学内容、教学组织、教学方法、教研教态等多方面开展全方位培训。

二是推进基层教学组织建设。鼓励组建跨境、跨校、跨学科的教学团队，激发基层教学组织活力，培育建设市级及以上的虚拟教研室。

三是提升教师教学水平和教学创新能力。落实以赛促教、以赛促学，开展青年骨干教师教学训练营，提升教师教育教学能力，推动信息技术与教育教学融合创新发展。打造教师教

学创新展示与交流平台,引导教师创新教学方法,不断提高课堂教学质量。

四是完善教师教学激励体系。学校出台青年教师教学竞赛管理办法、教师系列教学型高级专业技术职务评聘管理条例等,鼓励激发广大教师热爱教学、倾心教学、研究教学,不断提升课堂教学质量,提高人才培养成效,促进人才培养质量再上新台阶。

请扫码观看
李医群的访谈

教师访谈及教学设计

访谈嘉宾　上海对外经贸大学　程　洁
访谈内容　"网络贸易实战"

问题 1　课程介绍

我是上海对外经贸大学的程洁老师，这次获得"上海高校示范性本科课堂"称号的是"网络贸易实战"。这是一门虚拟仿真实验课，采用的是跨境校际合作的方式。我校的学生在这门课里的角色是中国大陆的贸易公司，我们有合作的美国大学的学生就是美国的贸易公司，如果他是中国台湾的学生，就是中国台湾的贸易公司。另外，我们还有加拿大的公司、法国的公司，都是由合作院校的学生在同一期实验中扮演的。所有这些学生开设的虚拟贸易公司就在一个虚拟仿真的平台上做国际货物买卖，就是我们平时讲的国际贸易。实战开展的时间很长，有 12 周。在这 12 周里，实验平台"7×24 小时开放"，学生就按照每个公司既定的工作时间，在这个开放的商务环境中竞争，我们最后衡量各公司在实战期间的业绩。我们的课程就是这样来设计的。

问题 2　参加示范课堂活动的感受

参加示范课堂活动给了我们一个非常好的思考契机。这门课程最大的魅力在于实战，它天然是一种自主性学习的方式。在这样的背景下，一周中我们学生还是要来上课的，课堂教学到底解决什么样的问题？如何让课堂教学对学生来说是有意义的？示范课堂活动给了我们一个非常好的提醒。我们有一些长期的做法，背后的目的、定位、逻辑或者说本质在哪里？示范课堂提出一个很好的点，让我们去做反省。通过这次活动，课程团队达成一种共识，在将来日常的教学开展中教师的做法可以不同，但因为背后的逻辑是一致的，所以每堂课的设计都会比较一致。

当然，还有更好的一点在于交流互鉴，我们在这个过程中也看到了很多跨学科、跨学校、不同专业、不同类型的课堂是如何开展的。当然，我们也传播了我们自己是怎么去认识课堂教学定位的，在这个方面活动确实给了我们很多的启示。

问题 3　课程的创新性和示范性

关于课程课堂设计的特色，我觉得有两点是比较突出的。

第一点是我们的课程以学生的自主实践为主，教师的定位就是幕后的。但事实上，我们又会作为课堂上的教师出现在学生面前。所以对教师来说，这个角色很有意思。我们经常要去选择今天我们想要传递的知识、素质、技能，究竟是在后台通过一个虚拟角色传递给他，还是出现在课堂上以教师的方式讲授给他。这个实践我觉得做过的教师都会觉得很有意

思,而且每做每新,常常会有不同的感受,在感受中可以提高。

第二点是大学课程特别讲究"留白"。教师不可能覆盖所有的问题,我们在讲授中是"后讲",你先做,我们再来讨论你的疑问,给出我们的一些建议,也留出足够的空间给你下一次实践、自己慢慢感悟。所以,我觉得对于虚拟仿真实验课程,做好课堂教学也是这门课程密不可分的、一体化建设的、很重要的内容。

请扫码观看
程洁的访谈

"网络贸易实战" 课堂教学设计

一、课程名称

网络贸易实战

二、节选课堂章节题目

国际贸易货款结算与汇票权利

三、课堂简要内容

(1) 实战概况:概述前一周贸易实战的总况。
(2) 案例讨论:国际贸易货款结算的常用工具——汇票。
(3) 公司例会:学生公司各自召开周例会(线上线下融合),教师参加一家公司例会。
(4) 贸易实战:学生公司在现场自主进行贸易实战,教师巡视答疑。

四、教学目标

(1) 理解和应用汇票的付款关系。
(2) 理解和应用汇票的权利转让与背书。
(3) 分析和应用汇票的付款期限。
(4) 培养实践团队沟通、项目管理执行和决策应变能力。
(5) 分析和评价商务谈判。

五、教学理念与策略

仿真贸易实战是学生进行本课程学习的主体路径,主要在课外开展,实验平台7天24小时开放。自主性学习教学法、合作式学习教学法和间接教学法是课程的三大教学方法,在课外自主实验和现场课堂中均应始终贯彻。

现场课堂突出两个核心功能：

（1）聚焦必要的内容学习，兼顾学生在硬知识和软技能两方面的需求，为先进者提高思维能力夯实基础，也为后进者找到实践的突破口提供帮助。

（2）定期反馈实战状态，观察并改善学生以小组为单位的协同学习状态，起到"形散而神不散"的凝聚和督导作用。

现场课堂的教学策略有三：

（1）讲授内容"亲历"、"后置"，即：以学生在自主实验中的亲身经历和自我经验作为分析对象，在时间安排上讲究先"做"后"讲"，打破学生对于教师讲授的依赖性，避免陷入手把手教实战的初级状态。

（2）充分利用合作式学习教学法，鼓励团队成员之间在"做"和"学"的过程中协同互进，并且在现场呈现日常的自主实验状态，以便教师近距离观察、及时督导。

（3）将现场课堂和课外自主实验置于一体化设计中。在课堂上，教师集中性的讲授、学生集中性的讨论主要解决实验中"知其所以然"的问题，但不求"全覆盖"问题，有意留下"开口性"问题供学生在后续的实验中继续深化、内化，从而推动其由知识学习向能力提升的成长。

六、教学实施过程

（一）课前

（1）贸易实战照常进行。

（2）下发《实战案例讨论》资料，要求各公司内部先行讨论。

（3）为参加视频谈判的 4 家公司提供各自的谈判实况录像，要求公司内部先做自我回顾和评价。

（二）课中

1. 5 分钟实战概况（教师主讲）

展示前一周贸易实战中的邮件数据、成交数据，目的在于创造竞争感氛围、提示分析效率问题，不在于得出的结论是否普适，而在于培养反思的习惯和能力。

2. 30 分钟案例讨论（师生互动）

（1）夯实基础知识（评估学生预先对知识链接的掌握程度）。

① 以支付命令为切入点，理解汇票要素（付款关系、付款金额、付款期限）。

② 针对付款关系，理解汇票的出票人、付款人、收款人三者的关系。

③ 以收款权为切入点，增加债权人，引入背书。

④ 多名学生在触屏上连续背书，掌握汇票的权利转让、背书的两种形式（空白背书、记名背书），扩展到提单背书、保单背书等。

（2）针对付款期限，展开实战案例讨论（评估学生公司预先对案例的讨论程度）。

① 各学生公司发表：

收到这样的信用证，是否应该修改？（必请维森 VCEN's 公司，其他公司现场决定）

② 教师追问：

• 两种付款期限是否不同？不同在哪里？

- 如何理解"the date of the draft"？
- 如何理解"sight"？
- 如何在业务流程中理解出票日、交单日和见票日？
- 如果不修改，开证行会拒付吗？
- 如果不修改，会造成出口商违约吗？
- 如何理解合同与信用证的关系？

③ 各学生公司发表：

如果不作修改，汇票上的付款期限应如何填写？（技术性问题）

④ 教师追问：

- 汇票的出票日期应作何种考虑？
- 出口商的立场与决策因素有哪些？

（3）附加内容：托收项下的汇票与信用证项下的汇票，有何异同？（学生在触屏上直接修改）

3. 10分钟公司例会（学生互动）

各公司内部通过腾讯会议各自召开周例会，线上线下融合，会后提交例会记录。

教师参加鲨雕shadow公司例会，针对前次谈判内容作深入点评：

- 谈判评价的角度；
- 谈判立体性、双向性的意识；
- 暴露的专业基础问题、主动意识问题。

4. 45分钟贸易实战（学生互动）

各公司在现场继续贸易实战，教师巡场答疑。

重点关注：志锋（Zhifeng）公司，业务开展低迷；蓝帽（Blue Hat）公司，信用证结算失败转托收；霸图（Grandiosity）公司，食品进口交易。

（三）课后

（1）贸易实战照常进行。

（2）布置下周实战案例讨论议题"面临出口商无法按时交货，进口商有哪些预防和改进的措施？"，要求各公司在保证商业秘密的前提下，结合自身的具体案例进行讨论。

（3）与参加视频谈判的4家公司讨论谈判方案。

七、教学目标达成度分析

（1）关于理解和应用汇票的付款关系，教学目标达成度较高。

（2）关于理解和应用汇票的权利转让与背书，教学目标达成度不明确。

（3）关于分析和应用汇票的付款期限，教学目标达成度较高。

（4）关于实践团队沟通、项目管理执行和决策应变能力，教学目标达成度较高。

（5）关于分析和评价商务谈判，教学目标达成度较高。

八、教学示范意义反思

将汇票还原为支付命令的本质来讲解汇票的付款关系，是一个有效的教学思路，可以帮助学生摆脱格式单据带来的格式化思维倾向,从而更好地理解汇票的要素,而不是简单地识记,为应对变化的场景打下基础。在课堂的贸易实战时间,与蓝帽(Blue Hat)公司的单独交流可以看出,尽管该组学生在案例讨论时未有明显表现,但在需要将该知识实际运用于变化了的托收场景时,已经能够做出快速而准确的反应,说明教学目标(1)的达成度在班级范围内是较高的。

从汇票收款权的转让引出背书的含义和操作,是一个可行的方法,从讲课逻辑上也比较顺畅。但是,当天预想的触屏方式由于临时的网络问题没有得到运用,导致学生无法直观地看到背书、完成背书,而只能单纯地凭想象,目标达成度如何没有进行衡量。实际授课主动减少了这部分的分配时间,降低了原定的应用目标,放弃了关于背书的形式和延伸到提单、保单背书的内容。在基础知识串讲阶段如果真的要完成2个教学目标,耗时较多,将挤占后续的案例讨论时间,该教学目标在以后的课程中应予以调整。

通过实战案例讨论来分析汇票的付款期限,是一个提高学生课前参与程度的有效方式,而且解决了一般案例讨论面临的背景信息不足的问题。虽然在课堂讨论时间内实际发表较完整意见的公司只占1/3,但在课堂的贸易实战时间,又有3家公司分别拿出了他们各自的相似案例,与教师继续讨论,这说明由案例讨论引发学生思考的目的是基本达到的。需要注意的是,集中性的讨论时间较易忽视线上的学生,以后应特别关注。

"公司例会"与"贸易实战"两个环节,从各公司提交的例会记录和现场进行的实战状态来看,达成度都较好。利用腾讯会议进行公司内部沟通已是这期学生公司的常态,学生已经十分熟悉这种线上线下融合的方式,而且在现场集中开展,互相之间有感染、有促进,向上的集体氛围有助于个别公司调整状态。

学生公司课前的自我回顾和评价完成质量较好,现场与教师沟通也很主动,教师的点评意见得到了较为充分的表达和认同。

教师访谈及教学设计

访谈嘉宾　上海对外经贸大学　沈克华
访谈内容　"国际贸易实务"

问题1　课程介绍

大家好！我是上海对外经贸大学沈克华。"国际贸易实务"课程是我校的王牌课程，自1960年建校开始，随着外贸实践的变化不断创新发展，相继获得了各项国家级和市级的荣誉称号。我也很荣幸作为新一代的课程负责人，带领团队获得了上海高校示范性全英语课程以及首批国家级线上一流课程荣誉。目前课程已在中国大学慕课开设了11轮，累计选课人数超过了11万人次，全国有170多所高校的学生使用，在全国形成了一定的影响力。

"国际贸易实务"课程主要面向国际经济与贸易以及相关专业的大二、大三学生开设。课程以学生发展为中心，构建了逻辑演绎、多维育人、动态开放、能力进阶的课程体系。锻炼学生综合运用国际贸易相关知识，来解决复杂实践问题的创新应用能力和明辨性思维，旨在培养兼具中国情怀和国际视野的对外经济贸易专门人才。

问题2　参加示范课堂活动的感受

参加首批示范课堂的评选，不仅是一种荣誉，也是一种压力和责任。在参与的过程中，课程组的老师集体备课、研讨，从教学环节的设计到教学内容的更新以及整个教学过程的改进都反复打磨。通过参评以及观摩同行优秀的课程，我本人还有我们课程团队的老师都表示能力得到了相当程度的提升，从中也发现了我们课程未来进一步改进的新方向、新思路，真正体会到了什么叫做以评促学、以评促建。

问题3　课程的创新性和示范性

获得首批"上海高校示范性本科课堂"称号，团队总结了课程的创新性和示范性，主要体现在3个方面。第一个方面是创设了"四位一体"的教学手段，侧重培养学生实践运用的创新能力。课程创设了线上、线下、模拟和实践"四位一体"的教学手段，从传统的课堂讲授为主，逐步构建了教学资源数字化、实践教学模拟化，还有课外辅导网络化、信息化，从而实现了自主式的线上学习、探究式的线下教学、实战式的模拟实训以及互动式的实践教学"四位一体"的多位协同育人。

第二个方面体现在教学过程中采用了"三步走"的举措，采取全过程多元化的考核，重在激发学生学习的内驱力。这个"三步走"主要体现在：在课堂开始时以知识点相关的贸易热点提问，在回顾上一讲的同时切入本讲的主题，引导学生进行探究式学习；在课中采用沉浸式的案例研讨，进行理论和实务的有机融合，夯实学生的专业功底；最后以实战化的模拟展示和邀请企业导师进行精细化的点评,来升华实践应用创新能力的培养,从而强化全过程的考核和体验式的学习,激发学生学习的内驱力,实现课程培养的专业能力和价值塑造梯度的进阶。

第三个创新点和示范性主要体现在以德施教、三全育人,把课程思政的建设扎根在学生的成才过程中。团队聚焦人才培养的体系坚持"全覆盖"、"融无痕"和"实落地"这三大原则,结合国家的双循环经济发展的新格局,以及外贸的新业态、新模式等一系列国家外贸的方针政策,把课程思政全方位地融入课程体系的设计、案例资源的开发和教学过程的实施,与学生在整个实践过程和考核过程有效融合,以知行合一来落地课程思政的育人效果。同时,团队还响应国家的"治理援藏,柔性援疆"政策,走进西藏大学和喀什大学的校园,与那里的教师和学生面对面,以专业讲座、案例坊等方式,探索跨校联合教研新模式。我们的努力被西藏大学和喀什大学的师生称赞为最实在的援藏、援疆行动,获得上海市级"东西部联合虚拟教研室"称号。思政育人从校内到校外、从上海到全国发挥辐射效应。

请扫码观看
沈克华的访谈

"国际贸易实务" 课堂教学设计

一、课程名称

国际贸易实务

二、节选课堂章节

国际贸易价格与贸易术语

三、课堂简要内容

商品的价格直接关系到买卖双方的经济利益,是买卖双方交易磋商的中心议题和矛盾的焦点,因此成为买卖合同的主要交易条件之一。本节课以国际贸易大宗商品大豆交易为例,对比国际贸易中的报价与日常购物的差异,以交易风险管理为核心,辨析国际贸易价格构成的四要素("单位金额"、"计价货币名称"、"计价数量单位"以及反应价格构成的"贸易术语"),并将教学重点放在专业度较高、理解难度较大的"贸易术语"上。依据目前国际上广泛使用的贸易术语惯例《国际贸易术语解释通则®2020》(Incoterms® 2020),以问题引导和案例分析相结合的方式,探讨如何妥当选用合适的国际贸易术语,防范国际贸易业务中的风险,避免不必要的损失和纠纷。

四、教学目标

(1) 知识目标:掌握国际贸易合同价格条款的拟定、贸易术语的作用、Incoterms® 2020对主要贸易术语的解释及其在实践中运用应注意的问题,具备订立和履行国际货物买卖合同价格条例的基本操作技能,提高分析、研究和解决贸易术语争议的能力,为进一步学习后续课程内容打下扎实的基础。

(2) 能力目标:能够把握进出口业务规律,熟悉并运用国际贸易相关规则开展外贸业务磋商、拟定专业的贸易合同;识别和评估国际贸易风险、降低交易不确定性、预防争议的发生;建构国际贸易知识体系,集成运用国际贸易实务相关知识解决复杂现实问题的创新应用能力和跨国运营的高阶思维。

(3) 育人目标:课堂中讲到全球使用广泛的国际贸易术语规则 Incoterms® 2020 的最新修订时,提到起草组成员中第一次有中国专家,融入"向世界分享中国发展机会,参与国际规则制定,做贸易强国的建设者"的思政元素,帮助学生了解我国国际经贸规则话语权的提升、参与全球治理的意义。将专业知识和价值塑造相结合,培养学生把握"诚信基础,合规准则"的课程价值理念,引导学生站在正确立场分析国际贸易问题。

五、教学理念与策略

教学过程实施"三步走"举措,课堂开头"以国际贸易大宗商品大豆交易报价提问互动"回顾上一讲,切入本讲主题,引导学生进行探究学习;课程中间以"贸易术语知识点梳理归纳与中国参与国际规则拟定的思政元素融入"夯实贸易术语规则相关的专业功底与价值塑造;课堂结尾以"贸易术语争议案例研讨升华实践应用创新能力培养",实现专业能力和价值塑造的梯度进阶。在教学手段上,线上与线下一体化教学相结合,充分利用雨课堂互动工具以及本课程在中国大学 MOOC 平台的国家级线上一流课程资源,设置"递进式+交叉性"提问和案例讨论,将专业知识传授与实践应用有机融合,渐进式推进课程体系"逻辑演绎—多维育人—动态开放—能力进阶"的落地。

六、教学实施过程

以 45 分钟 1 个课时为例,对本讲的教学步骤、主要内容、教学目标和教学方法进行介绍,来说明本节课的教学实施过程。

教学步骤		主要内容	教学目标	教学方法
"三步走"第一步	以知识点相关贸易热点问题提问互动(5分钟)	**课前导读:** 　　线上讨论"选取具体商品,列举便利店购物报价、淘宝报价、亚马逊报价并讨论区别"。 **问题引入:** 　　日本东京的客商向我国大豆供应商 A 询价,如果你是 A 公司业务人员,如何向该客商报价? 　　通过 1~3 位学生的回答以及教师点评,从而引出本节课的主题"国际贸易价格与贸易术语"。	通过辨析国际贸易报价和日常购物的差异、面对面交易和非面对面交易报价的差异,理解贸易术语在国际贸易价格条款中所起的作用。	线上线下相结合: ① 提问启发; ② 点评讲授; ③ 课堂互动; ④ MOOC; ⑤ 直播。

(续表)

教学步骤		主要内容	教学目标	教学方法
"三步走" 第二步	知识点梳理、能力培养与价值塑造(25分钟) 聚焦： ① 讲； ② 查； ③ 做； ④ 演； ⑤ 论。	一、国际贸易价格 知识点： ① 计价货币； ② 单位金额； ③ 计量单位； ④ 贸易术语(价格构成)。 二、贸易术语 1. 贸易术语的含义与作用 知识点： (1) 含义解析： ① 外观书写； ② 内在功能。 (2) 作用解析： ① 提升贸易便利化； ② 降低交易不确定性风险。 2. 有关贸易术语的国际惯例 知识点： ① 惯例与法律的区别； ② 三大贸易术语惯例的区别。 3. Incoterms® 2020 介绍 知识点： ① 中国专家参与国际规则 Incoterms® 2020 的起草修订与贸易强国建设； ② Incoterms® 2020 被扩展至国内贸易的原因及国际贸易发展趋势讨论。 4. FOB 贸易术语条款解析及运用 知识点： ① 交货点/风险转移点； ② 费用划分点； ③ 运输责任方； ④ 保险责任方； ⑤ 进出口清关责任办理； ⑥ 交货单据； ⑦ 通知义务。	(1) 分析国际贸易术语的作用，帮助学生领会"诚信基础、合规准则"的课程理念。 (2) 在国际规则的讨论中，引入我国近几年由国际规则的执行者向规则制定的参与者角色转变，激发学生"贸易强国建设"的自豪感和责任担当。 (3) 把握进出口业务规律，熟悉并运用国际贸易术语规则 Incotermsr® 2020 开展国际贸易业务磋商，拟定专业的价格条款；识别和评估国际贸易风险，降低交易不确定性，预防争议的发生。	知识传授与价值塑造相结合： ① 提问交流； ② 教师评析； ③ PPT。
"三步走" 第三步	案例研讨提升实践应用创新能力培养(10分钟)	案例分析：FOB 合同争议案 争议焦点： 　　在 FOB 合同履约过程中，如果买方订不到船怎么办？如果卖方答应帮忙但最终还是订不到船怎么办？	(1) 依据国际规则 Incoterms® 2020，互动研讨 FOB 合同的交货点、运输责任方等问题。 (2) 体会贸易术语的"交货义务"核心功能，运用规则项下买卖双方义务的规定解决贸易术语不当运用引起的争议，针对实践中客户的不同需求给出优化解决方案。	实践应用与能力提升相结合： ① 分组讨论； ② 学生展示； ③ 提问交流； ④ 教师评析。

(续表)

教学步骤	主要内容	教学目标	教学方法
本讲小结 (3分钟)	重点:国际贸易业务风险来源于不确定性,"合同"作为国际贸易业务风险防范手段,是本课程的主线并贯穿始终。本节围绕买卖合同中的价格条款,从风险控制的角度,辨析国际贸易价格的"构成四要素",尤其针对价格条款中决定合同性质的贸易术语的运用,依据国际规则 Incoterms® 2020进行买卖双方义务的条款解析和案例讨论。 难点:辨析国际贸易术语在国际贸易中的作用,以及惯例与法律的区别。聚焦国际贸易价格磋商的实操与"五风险防范",用"诚信基础、合规准则"修身。 学习思路:借助启发式提问,引导学生从贸易商的视角认识本课程的研究对象;从风险防控的角度,培养学生研究本课程的思维方式;聚焦国际贸易人才高阶思维和实践应用能力培养,开展案例研讨和实践模拟。		
课后任务公告 实践国际贸易报价 (2分钟)	(1)交易磋商中采购商经常要求供应商提供包邮价,Incotems® 2020中有哪些价格可供选择? (2)CFR/CIF价格与FOB价格的区别是什么?	(1)标准化基础考核:完成本节在线单元测试。 (2)非标准化灵活考核(个人与团队相结合):下节课展示(5分钟/组,全组成员参与展示)。 (3)学科竞赛孵化:"全国高校商业精英挑战赛+两岸大学生新外贸模拟商展竞赛+市级国家级大创项目"。	实践模拟与学科竞赛相结合: ① 学生展示; ② 提问交流; ③ 教师评析; ④ 以赛促学。
合计 45 分钟			

七、教学目标达成度分析

就对知识点掌握和专业理论水平提升的作用而言,课堂提问互动、案例分析和课堂演讲展示发挥重要作用。学生喜欢与同学一起探讨问题,遇到问题时也乐意向同学请教,对专业学习的帮助效果明显。

就对创新应用高阶思维能力提升作用而言,学生演讲展示作用明显,尤其是以赛促学的课后商战模拟比赛极大地提高了学生对课堂内容的兴趣度和参与度。这反映出学生希望获得老师和同学的肯定,为了在课堂上和比赛中完美展示,会进行充分的准备和演练,这种压力在某种程度上促成了学生主动性的探究式互动学习,这对学生专业能力的提升帮助非常大。

就雨课堂互动工具使用以及在线课程平台教学环节使用而言,得到学生普遍认可。大多数学生表示喜欢在线课程平台的使用,平台上有丰富的学习材料,学生可以根据自己的节奏和兴趣自主安排。尤其是对单元测试,可以与视频观看相结合,快速帮助学生掌握基础知识和核心知识点,在复习的过程中可以帮助查漏补缺,深受学生喜欢。

就平时考核的作用而言,学生普遍认为平时考核对其专业能力的培养作用仅次于期末考试,这主要是因为本课程为了引导学生全程积极参与,加大了平时成绩比例,将平时教学过程中的雨课堂互动、分组讨论、课堂演讲、网上测试、在线课程平台讨论等都计入平时成绩，合计占总评成绩的50%，这在一定程度上督促和鼓励了学生参与课程。

八、教学示范意义反思

作为首届国家级线上一流课程，有机会参与教学示范互动，不仅是一种荣誉，同时也是一种压力和责任。在参与的过程中，课程组教师集体备课讨论，变压力为动力，将本课程国家级线上一流课程的资源与线下课堂互动教学有机结合，从教学环节设计、教学内容更新到教学实施过程改进，都反复打磨。在充分参与的过程中，也发现了需要进一步改进的不足和今后努力的方向。作为实践性较强的课程，创新应用型人才培养需要建立在大量实践案例训练的基础之上，"国际贸易实务"课程已经采编了不少案例，但目前案例主要集中于某些专题，需要进一步完善，才能达到主题多样化、数量丰富化。我校拥有丰富的实习基地和企业导师资源，今后要加强校企合作，进一步推进开发案例。同时，鼓励团队教师分利用学校的实习基地深入企业一线实践，为创新应用型人才培养提供"双师型"师资保障。

上海政法学院

学校交流

访谈嘉宾　上海政法学院教师教学能力发展中心主任　李　起

问题1　学校课程培育的举措

课程是人才培养的核心要素,我校近几年大力推进有组织的课程教学建设,推动课堂教学改革取得了一定的成效,主要有3个方面。

一是立足人才培养打造课程的基本面。首先,近几年我校全面按照OBE理念修订了专业人才培养方案、课程教育大纲,力求培养目标、毕业要求、课程体系、教学要求相互印证,相互支撑,环环相扣。其次,我们要求各个学院制定课程建设方案,有计划、有重点地推进课程建设,按照以学生为中心、"两性一度"的原则打造高水平的课程。最后,强化对课程教学效果的跟踪评价和优质课程成果的推广,通过这样一些措施,形成课程建设的基本面。

二是立足课程教育创新打造课程的拔尖面。我校有个传统的教学示范岗评选,已经办了20多年,近几年学校主动对接高等教育发展的新要求,把传统的示范岗评选和教学创新大赛结合起来。按照创新大赛的要求,组织专项的培训和指导,引导教师更新教学理念、创新教学方法、聚焦课堂教学的真问题,推动教学改革。通过这些各类各级的竞赛平台,近几年培育造就了一批优质的课程。

三是强化教学激励,引导教师回归教学本位。我校制定了本科教学内涵建设的激励标准、学术成果认定办法,出台了一些高水平教学团队培育项目、青年教师培育项目等,主要是激励教师在课程教学、课程建设和人才培养方面多出成绩,引导教师把更多的精力投入教育教学当中、回归教学本位。例如,我校王慧博教授2017年开设"人力资源管理"课程,在教务处教发中心的支持下,持续推进课程教学建设,日积月累、聚沙成塔,连续获得了一些课程项目(上海市精品课程、上海市一流课程、国家级一流课程),这次也获得了首批"上海高校示范课堂"称号。

问题2　学校提升教师教学能力的举措

我校教师教学发展中心(以下简称"教发中心")的办公室设在质评办(教学质量督查与评估办公室),所以,我们能更好地将教师教学评价、教学督导和教师的教学能力提升有效衔接起来。通过一个教学质量的管理平台,把教师教学评价的信息及时反馈给教师,并且针对评价信息中发现的普遍性的课程思政、教学设计、教学方式方法方面的问题,以及个别教师的一些问题,开展针对性的指导培训,帮助教师尽快地提升教学能力,这是我们的一个特点。

另外,我校教发中心由多部门联合组成,由教务处、人事处、质评办,还有科研处、发规处等,这样有效地融通了教师发展的各个环节,能够整合多方面的资源,为教师进行全方位的服务。例如,在新教师培养、成长型教师培养、成熟型教师培养等不同阶段,前面有人事处,接下来由我们教务处和质评办,后面是科研处、发规处介入,形成高水平的教学团队建设。

教发中心也会把那些成长起来的骨干教师发展成兼职导师,由他们给新教师做一些工作坊、教学论坛、具体指导,带领新教师共同成长,形成良好的教学文化。例如,我校张进德教授连续参加教学示范岗评选并获奖,2021年获得上海市青教赛获二等奖,他主讲的课程也入选了上海市一流课程和国家级一流课程。在这个过程中,他也从一名青年教师成长为一名骨干教师、教授、教学名师。所以,我们聘请他为教发中心的兼职导师和高水平教育团队的负责人,参与青年教师培养,指导帮助我校青年教师共同成长。

请扫码观看
李起的访谈

教师访谈及教学设计

访谈嘉宾　上海政法学院　王慧博
访谈内容　"人力资源管理"

问题1　课程介绍

我是来自上海政法学院的王慧博。这一次入选的课程是"人力资源管理"。这门课程从2007年开课,已经讲了16年。这一次这门课能够入选,是一个长期积累的结果。我们从2009年开始进行课程改革,当时还没有使用超星平台,我们使用的是一个交互功能不太理想的平台;2017年开始采用学习通,进行全面的课程改革,到现在已经是线上线下混合式的模式。这门课程是学生的一门专业基础课,学生毕业以后大部分都从事人力资源管理工作,对这门课程的学习及认可度都非常高。这门课程在我校的麦可思调查中,基本每年都被评为劳动与社会保障专业最满意的课程。

问题2　参加示范课堂活动的感受

参加这次上海高校示范性本科课堂交流活动,以及后面的各种成果展示、经验分享活动,我感觉收获非常大。如果没有这个契机,教师们在课程中即使进行教学改革,包括进行一些经验的积累,但并没有进行系统化的梳理、审视、总结和提升。这次活动给了我们一个契机,把我们多年来改革过程中的思考总结出来进行提炼。最后教师自己回过头来看,我做了这样的一些改革、有什么样的成效,还有哪些不足的地方,从而能更加清醒地认识到教学中的优势和不足之处。

这个活动的后半部分是展示交流活动,我觉得收获也很大。它为教师们提供了一个非常正式的平台、场合和时间,让大家能够充分地进行磨课、研讨,分享教学的心得。所以,我校教师们都觉得收获很大。

问题3　课程的创新性和示范性

我的这门课程有这样5个特点。

第一,把课程思政元素全面地融入课程中,每一章节都会进行课程思政的融入。主要是采用专题讨论法和画龙点睛法,我在讲到一些知识点的时候,会把一些相关的思政元素融入进去。

第二,我们不断地优化、重构课程内容。比如,把课程的知识点和现在数字化时代的人力资源管理结合起来,进行古今中外的比较研究。

第三,我们采用线上和线下混合式教学法,这种教学使我们的分层教学得以实现。

第四,进行教学方法改革,使用翻转课堂法、费曼学习法、研究式教学法、实践式教学法等,激发了学生学习的积极性。教师从原来的主导变成指导,学生成为学习的主导。

第五,改革了以往的考评方式。我们改变了过去一考定成绩的方法,变成过程化的考评,即:学生的每一分努力都和他的成绩挂钩,他的课前预习、上课发言、网上发帖,以及和其他同学的互动、小组作业的展示,每一个步骤都和他的成绩挂钩。学生在一定程度上增加了对于专业课的投入度,激发了学习的积极性。

请扫码观看
王慧博的访谈

"人力资源管理" 课堂教学设计表

单元名称	第四章 人力资源招募、甄选与录用	学时	2
授课内容	从面试甄选到员工福利	上课形式	线下课堂授课
学情分析	学生为劳动与社会保障专业二年级本科生,已经学习"社会保障概论"、"管理学"等课程。学生在本次课程之前已经完成线上自学环节,故本次线下课程以检验学生线上自学效果、案例研讨、延伸本章节学习内容为侧重点。		
教学理念及策略	遵循OBE教学理念,关注学生"学会了什么"。针对学生线上自学情况,将多个知识点串联起来,进行梳理和检测。		
教学目标	(1) 知识目标:让学生掌握面试甄选、人员测评、人员录用、工作设计的方法、技巧、法规,了解工伤保险、员工福利、数字化时代人力资源管理的基本特点等。 (2) 能力目标:让学生具有专业能力,根据职位要求,设计结构化面试提纲及具体问题;提升学生对于人员测评背后原理的应用能力;能够在面试甄选、人员录用、工作设计、工伤保险管理、员工福利管理等方面独挡一面、诊断问题,提升管理效果。 (3) 情感目标:引导学生在面试提纲设计中融入诚信等思政元素,在"情境反应-惯常反应"的人员测评中,融入思政讲座、红色旅游等方式去甄选人才,体现出课程思政"盐融于水"的教学效果,培养未来人力资源工作者"德""才"并重的工作方式。		
教学重点	面试甄选技巧、人才测评原理及应用、人才录用中的劳动关系问题是本次课程讲解的重点。		
教学难点	(1) 其中面试甄选技巧中的"面试提纲及面试问题的设计"、"人才测评背后的原理及如何应用"是本次课程讲解的难点。 (2) 员工的工伤保险问题、员工福利管理、数字化时代的人力资源管理是本次课程内容的延伸和深化。		
教学方法	教法	(1) 问题贯穿法:以面试甄选的问题导入,引出面试甄选的提问技巧、面试提纲的设计、人员测评的原理及应用、人员录用问题、工作设计问题、工伤保险问题、员工福利问题,最终以数字化时代人力资源管理问题结束,首尾相应,环环相扣,引发学生体系化思考、自主性探究。 (2) 项链教学法:以学生为中心,进行知识、原理与应用的有机衔接,采取"项链"教学模式——教师在课堂上不断地抛出问题,成为贯穿课堂的主线;对于每个问题的解决及讲解则由学生完成,这既检测了学生线上自学的效果,又最大程度地调动起学生的课堂参与度,提高其创新应用能力。		

(续表)

教学方法	教法	（3）师生讨论法：结合学生"线上自学"与"网上论坛"，师生共同展开平等讨论，在讨论中启迪学生思维，进而在翻转课堂中引导学生积极互动，得出答案。最后，教师在小结时进行讨论总结，形成系统的知识。
	学法	教法、学法实则一体，均以学生为主体，学生主要采用"线上自学"法、翻转课堂学习法、情景模拟法、研究型学习法、案例讨论法、实践学习法、模拟操作学习法，坚持理论联系实际，提升自己的理论素养和实际能力。

教学实施过程					
环节	教学环节的设计	教师活动	学生活动	设计意图	
课前学习	任务发布： 在教学平台"学习通"上发布课前任务：①通过线上自学，你发现在面试甄选时什么样的问题最能够反映出应聘者的能力特点？②如何设计出具体的面试提纲和面试问题？③面试中如何区分"谎言"和"事实"？④人才测评的原理有哪些？⑤如何通过工作设计，提高老员工的工作积极性？⑥工伤保险的申请程序是什么？⑦如何进行员工福利的计划和管理？让学生提前思考和准备，便于翻转课堂时积极互动。	课前摸底，明确学生需求。 教师向学生发送课前任务单，遴选出最有难度的3个问题，在"网上论坛"进行讨论。	"思考—归纳—延伸"： 学生在接收任务后，从小组作业开始，结合课前任务和"网上论坛"，通过在线自学与预习，归纳问题，查阅资料，寻找问题的解答，并作延伸性思考。	学研结合： 学生在课前进行有质量的"预习"，完成部分"知识输入"；根据教师布置的任务，准备课堂发言，将别人"讲懂"，强化了学生"能力输出"的过程，激发了学生的探索能力和主动学习精神。	
课堂教学	第一阶段面试甄选技巧	（1）上次课程内容回顾； （2）本次课程内容导入； （3）抛出本次课程的第一个案例，针对案例中的题眼，教师不断抛出问题，引导学生讨论、自主发言解答。 （4）教师抛出的问题和学生的分析回答交替进行，引导学生持续深度参与课堂。	(时长3分钟)教学活动1： 教师对于上次线下课程的内容进行回顾；并通过"学习通"随机选人进行复习小测试。 (时长1分钟)教学活动2： 教师对于上次线上自学课程中的测试问题进行分析。 (时长1分钟)教学活动3： 教师引出本次课程学习内容"从面试甄选到员工福利"。	(时长2分钟)教学活动4： 让学生采用"情景模拟"的方式展现案例1。 (时长1分钟)教学活动5： 让全体学生对于案例1存在的问题进行自行讨论。	（1）复习回顾上次课程内容，更好地衔接起本次课内容。 （2）"提问—思考—再提问"，以问题为中心展开互动式探究，让学生积极动脑，紧跟教师的"问题"思路，进行分析与思考，并让学生自己解答问题，贯彻费曼学习法，让学生将他人"讲懂"，将"知识输入"变成"能力输出"。	

(续表)

环节	教学环节的设计		教师活动	学生活动	设计意图
课堂教学	第一阶段 面试甄选技巧		(时长1分钟)教学活动7： 　　教师根据学生的发言，继续抛出问题，引导学生进一步深入思考。 (时长1分钟)教学活动9： 　　教师再次根据学生的发言，继续追问"有无必要让应聘者在面试时再次填写《求职申请表》"。 (时长1分钟)教学活动11： 　　教师根据学生的发言，继续追问"如何以销售为例，设计出具体的面试提纲和面试问题"。 (时长3分钟)教学活动14： 　　教师针对学生的讲解，补充"宝洁公司行为面试法"案例，增强学生对此内容的理解。 (时长1分钟)教学活动15： 　　教师继续抛出问题"面试过程要控制哪些方面"。 (时长1分钟)教学活动17： 　　教师继续抛出问题"面试中如何区分'谎言'和'事实'"。 (时长3分钟)教学活动19： 　　教师补充，并总结面试甄选技巧。	(时长1分钟)教学活动6： 　　让学生自愿发言，对于案例1进行分析、解答。 (时长1分钟)教学活动8： 　　让学生自愿发言，根据自己的分析，回应教师的问题。 (时长1分钟)教学活动10： 　　让学生自愿发言，根据自己的分析，回应教师的问题。 (时长1分钟)教学活动12： 　　让全体学生自行讨论，并进行面试提纲及面试问题的设计。 (时长5分钟)教学活动13： 　　让学生自愿发言，并上台讲解"如何设计面试提纲、如何在面试提纲中融入课程思政要素、如何具体化为行为式问题"，能够体现出课程思政"盐融于水"的教学效果。 (时长1分钟)教学活动16： 　　让学生自愿发言，根据自己的分析，回应教师的问题。 (时长3分钟)教学活动18： 　　让学生自愿发言，根据自己的分析，回应教师的问题。	

(续表)

环节	教学环节的设计	教师活动	学生活动	设计意图
课堂教学	第二阶段 人才测评原理及应用	（1）教师引出仅仅通过"面试甄选"，看人的准确度为55%，要提高甄选的准确度，还需要加入"人才测评"。 （2）"人才测评"背后的原理是什么？如何应用？ （3）通过案例2至案例5，让学生通过案例，讲解出案例背后的原理，并拓展原理的应用。	（时长1分钟）教学活动1： 教师引出"面试甄选"的效度不高，想提高效度，还要加上"人才测评"。抛出问题"案例2体现了什么人才测评原理"。 （时长1分钟）教学活动3： 教师继续抛出问题"案例3弗吉尼亚理工大学枪击案体现了什么测评原理"。 （时长1分钟）教学活动5： 教师继续抛出问题"案例4体现了什么测评原理"。 （时长1分钟）教学活动7： 教师继续抛出问题"案例5'曾国藩的慧眼'体现了什么测评原理"。 （时长3分钟）教学活动8： 教师补充学生发言，并总结人才测评原理。	（时长1分钟）教学活动2： 让学生自愿发言，根据自己的分析，回应教师的问题。 （时长3分钟）教学活动4： 让学生自愿发言，分析案例，回应教师的问题，并要求学生讲解"黑箱原理"，深化对案例的讨论。 （时长3分钟）教学活动6： 让学生自愿发言，分析"主题统觉测试"的原理，并随机邀请另一位学生进行主题统觉测试，请分析的学生现场解读测试。 （时长5分钟）教学活动8： 让学生展现已拍摄的"情景模拟"案例作业，并分析案例，回应教师的问题。引导学生在对"情境反应-惯常反应"的解读中，融入思政讲座、红色旅游等方式去甄选人才，体现出课程思政"盐融于水"的教学效果。	（1）"提问—思考—再提问"，以问题为中心展开互动式探究，让学生积极动脑，紧跟教师的"问题"思路，进行分析与思考，让学生自己解答问题，贯彻费曼学习法，让学生将他人"讲懂"，将"知识输入"变成"能力输出"。 （2）引导学生通过案例2至案例5，深挖案例背后的测评原理，并拓展原理的应用。例如，教师随机邀请另一位学生进行主题统觉测试，请分析的学生现场解读测试。达到教学目的——让学生对于所学的知识能够知其然，又知其所以然，具备知识迁移的能力。
	第三阶段 人才录用中的劳动关系问题	（1）此部分为"面试甄选"问题的延伸。 （2）在"人员录用"中经常存在的问题，通过案例的形式	（时长1分钟）教学活动1： 教师抛出问题"案例6存在什么劳动关系问题"。	（时长1分钟）教学活动2： 让全体学生对于案例6存在的问题自行讨论。 （时长2分钟）教学活动3： 让学生自愿发	（1）培养学生系统思考的能力。 （2）仍然以"提问—思考—再提问"、以问题为中心展开互动式探究，让学生紧跟教师的"问题"思路，进行

(续表)

环节	教学环节的设计		教师活动	学生活动	设计意图
课堂教学	第三阶段 人才录用中的劳动关系问题	凸显出来,引发学生的重视,并进行系统地梳理、思考和解答。	(时长2分钟)教学活动4: 教师补充学生发言,并进一步梳理劳动关系问题。	言,分析案例6,指出案例中存在的问题及纠正的依据。	分析与思考,让学生自己解答问题,将费曼学习法与系统思考相结合。
	第四阶段 通过工作设计,提高老员工的工作积极性	(1)此部分为"人员录用"后的内容扩展。(2)此部分也是对于之前"工作设计"内容的回顾。(3)通过案例7将知识扩展与知识回顾串联、对接起来。	(时长1分钟)教学活动1: 教师抛出问题"案例7'如何提高老员工的工作积极性'"。 (时长2分钟)教学活动3: 教师补充学生发言,并进一步梳理工作设计方式。	(时长7分钟)教学活动2: 让学生自愿发言,分析案例7,并在黑板上深入讲解"如何通过工作设计(工作扩大化、工作丰富化、团队任务工作设计、工作轮换)来提高老员工的工作积极性"。	(1)引导学生将原有知识与新知识进行串联、对接,提升学生的知识建构能力。(2)仍然以"提问—思考—再提问"、以问题为中心展开互动式探究,让学生紧跟教师的"问题"思路,进行分析与思考,将所学过的知识转化为解决问题的能力。
	第五阶段 员工的工伤保险问题	(1)此部分为"人员录用"后的内容扩展。(2)此部分也是对于之前"社会保险"内容的回顾。(3)通过案例8将知识扩展与知识回顾串联、对接起来。	(时长1分钟)教学活动1: 教师抛出问题"案例8'小李能否享受工伤保险待遇'"。 (时长2分钟)教学活动3: 教师补充学生发言,并进一步梳理工伤保险的48小时之争。	(时长3分钟)教学活动2: 让学生自愿发言,分析案例8,回应教师的问题,并要求学生讲解工伤认定的流程,深入剖析案例所反映的社会伦理问题。	(1)引导学生将原有知识与新知识进行串联、对接,提升学生的知识建构能力。(2)仍然以"提问—思考—再提问"、以问题为中心展开互动式探究,让学生紧跟教师的"问题"思路,进行分析与思考,将所学过的知识转化为解决问题的能力。
	第六阶段 员工福利管理	(1)此部分为"人员甄选"后的内容扩展。(2)通过案例9将知识扩展与深化,人力资源管理不仅要选人,还有留人、用人,实现与前面"面试甄选"的首尾呼应。	(时长1分钟)教学活动1: 教师抛出问题"案例9'员工福利怎样设计,才能让员工和公司都满意'"。 (时长2分钟)教学活动3: 教师补充学生发言,并进一步梳理员工福利计划和管理。	(时长3分钟)教学活动2: 让学生自愿发言,分析案例9,回应教师的问题。	(1)引导学生将原有的知识进一步扩展、深化,形成人力资源管理的系统化思考。(2)仍然以"提问—思考—再提问"、以问题为中心展开互动式探究,让学生紧跟教师的"问题"思路,进行分析与系统思考。

(续表)

环节	教学环节的设计	教师活动	学生活动	设计意图
课堂教学	第七阶段数字化时代的人力资源管理及本次课程总结	（1）此部分为本次课程内容的扩展，让学生能够了解人力资源管理中的最新变化及发展趋势，并加以思考。 （2）教师总结本次课程内容，并布置课后作业和下次课程学习内容。	（时长5分钟）教学活动1： 教师解读AI人力资源管理的双面性。 （时长2分钟）教学活动2： 教师总结本次课程内容，并布置下次线上课程的自学内容，以及下下次线下课程的翻转课堂内容。	让学生听讲、了解，并与教师一起回顾总结。	（1）扩充学生的视野，鼓励学生的专业学习斗志，引发学生对于人力资源管理中最新变化的研究兴趣，引导学生课后探索。 （2）教师最后梳理、总结本次课程的知识点，使本次课程的7个阶段形成层级递进式、体系化思考。布置课后任务和下次课程的学习任务。
课后提升	根据学习情况调整并布置作业，引导学生面向实践、深入思考、知识延展。 （1）复习作业：完成线上课程中第四章单元综合测试。 （2）小组预习作业：每个小组自行选择一个岗位，对其进行"岗位胜任力"构建，并写出报告，在线下课堂中进行展示，各组之间互相打分。 （3）个人预习作业：观看线上课程第五章5.1、5.2、5.3、5.4视频内容，并完成在线测试和自动计分。 思考第五章案例1至案例5内容，准备在下次线下课堂中的发言，按回答问题次数计分。 参与学习通"线上论坛"讨论，按发帖次数计分。		引导学生进一步总结，及时复习。并加强线上自学，有质量地预习，以单元综合训练服务于整体课程学习，促进学习与实践成果内化、能力提升。	积极作业，积极实践，深入思考。	学生通过作业与实践进一步总结，加强在线自学，提高知识内化和知识应用能力，通过实践，提升用自身所学应用于社会、服务于社会的能力与决心。
教学目标达成度分析	在本次课堂教学中，知识目标完全达到，通过线上自学和线下课堂教学，使学生较好地掌握了本章的知识内容；能力目标基本达到，通过小组作业、翻转课堂教学、费曼学习法，让学生自己将对知识的理解讲解出来，这是知识内化的过程，也是能力提升的过程；情感目标完全达到，学生在小组作业中、在回答问题中、在思维方式中，已经自觉地将思政要素融入，将思政元素内化为其知识和能力的一部分。				
教学示范意义反思	本次示范教学活动是一个较好的交流平台，为教师认真探讨教学方式方法改革、课程思政融入等问题提供了宝贵的交流分享机会，能够切实推动课程的"高阶性、创新性和挑战度"的提升，推动教师教学水平的提升。这次活动将会使参与的教师受益匪浅！				

上海第二工业大学

学校交流

访谈嘉宾　上海第二工业大学教务处副处长　夏妍春

问题 1　学校课程培育的举措

我是来自上海第二工业大学的夏妍春，主要在教务处从事教学研究和教师教学发展的工作。针对我校课程建设的工作，主要是基于工程认证和 OBE 的理念，在金课建设的推动下，做了相关课程设置的一些改革，还有各类课程建设的改革和推动。工作主要集中在我校的一些特色课程，还有一些核心课程的内涵建设与提升方面，去加强建设和改革。

近 3 年我们也取得了一定的成绩。在校级课程的培育方面，我们建设了 400 多门课程，市级项目也有 80 多门，"国一流"课程现在有 4 门。在这次的首届示范课堂的教学展示中，我们学校也荣获了一门课程称号。现在教学都强调学生中心，对于学生中心，我校主要是基于智慧教学。因为在信息化技术和数字化技术推动下，新的教学范畴和教学革命的变化实际上对教师以学生为中心的教学改革有很大的变化和冲击。所以，我们学校主要是基于智慧教室建设的基础，还有信息化平台的建设，推动了各项信息化融入教学的改革工作。

还有就是加强了信息资源的建设和共享，以帮助学生灵活地安排学习时间以及个性化地学习，给他们提供更多的平台和资源。同时，为了让学生能够达到良好的学习效果，我们学校在整个全周期、全过程的评价机制建设上也出台了一些制度和措施，促进学生全过程的学习，包括深度学习和实践等方面。

当然，课程建设和改革最核心的要素在于教师，我校为了提高教师的教学能力，也开设了很多培训活动，给他们提供了更多的校内外交流和学习机会，促使他们不断地提高教学能力，也拓展他们的一些教育视野和创新能力。在此基础上，鼓励教师在信息技术的推动下改变教学模式，创新教学方法和手段，不断提高我校的教育教学质量。同时，我校为了持续地推进教师的教育教学改革的激情，出台了《上海第二工业大学教师教育教学的激励办法》。在这个办法的推动下，近年我校教师的教育教学改革热情是非常高的，形成了良好的教改氛围。

问题 2　学校提升教师教学能力的举措

针对教师教育教学能力的提升方面，我校主要针对的是青年教师和广泛的教师群体。针对青年教师，市教委有一个青年教师的新进教师培养计划，我校在此基础上做了校本研修

的详细方案。针对青年教师,保证他们能够快速地转变角色,站好讲台和站稳讲台,我们提供了很多培养计划,有一系列的3年培养计划。在课程建设和教研能力甚至科研能力上,我们也做了以项目推动他们教学能力提升的工作,促使新进青年教师快速地成长。

面向广大的教师队伍,针对教师的个性化需求,我们也提供了很多的个性化培训,给他们增加一些专题培训。例如,像沙龙活动还有一流课程培训、课程思政培训等。我们主要是依托课、赛、研,就是像这几年的一流本科课程,还包括课程思政,在一流本科课程中强调混合式教学,依托这些来加强教师的教育教学理念的转变和提升。各类教学竞赛是比较多的,我校依托各类竞赛,如青教赛、教创赛、混合式教学大赛等,不断地去提升教师课堂教学的质量,这些竞赛也融入了很多新的理念、新的手段和方法。在研究方面,我校推行了很多研究项目让教师申请,在研究项目的基础上,加强教育教学改革能力的提升。由于现在信息化技术和数字化技术的快速发展,教师在整个教学过程中还是存在很多问题和困难。针对这些问题和困难,我校也针对教师的专业提升能力给予更多的支持。例如,我们开设了很多专题性的培训,建设了更多的线上资源,展示了很多优秀教师的案例。我们建设了很多线上数字资源,这些数字资源包括教学理念方面的内容、现在新的教学标准和要求、案例、专家培训较好的资料等,都在线上平台的资源库中,我们给教师提供很多便捷的方式。教师可以针对不同的专题,在线上去个性化地学习和提升。

我校还有针对性的一对一的指导和帮扶工作,同时也鼓励教师在整个教育教学改革过程中有问题可以多研讨、多分享、多交流,能够走出去,并把走出去的相关学习经验带回来,在学校里加强资源共享,这些都是我们促进教师能力提升的方面。我们这次还开展了创新月活动,我校也获得了优秀组织奖,这也使我们广大教师受益匪浅。我们很多教师对这个活动给予了积极和正向的肯定,认为这些活动不仅提高了他们的能力,在新的教育理念和信息化技术的发展方面也提供了更多的视角,让他们有更多的想法能够实施到课程教学中。

我们学校虽然做得不是很多,但是,通过教师的能力提升,也通过课程之间的这种双向互动,使我校的课程教学也好,教师能力也好,都形成了良性的、促进的循环过程,也使我们的学校形成了更好的教育教学风气,有了更好的成绩。

请扫码观看
夏妍春的访谈

教师访谈及教学设计

访谈嘉宾 上海第二工业大学 潘海兰
访谈内容 "电子商务系统分析与设计方法"

问题 1 课程介绍

大家好！我来自上海第二工业大学经济与管理学院，教授的课程是电子商务专业技术类课程。本次获批的示范课堂属于我校电子商务专业本科三年级的专业课——"电子商务系统分析与设计方法"。

此课程是教育部电子商务类专业教学质量国家标准中"电子商务工程技术"知识领域的"系统设计与实施"知识模块的一门课程，在电子商务专业技术支持方面起到承上启下的关键作用。它连接技术开发基础课程、专业课程和实践类课程，并为开发类毕业设计的文档书写奠定了良好的基础。

本课程于 2009 年开课，已有 15 年的建设历程。自 2017 年起开展"项目制＋线上线下混合式"课程建设，经过多年的实践探索，至今已形成"基于高等教育混合在线课程质量(FD-QM)标准，构建多角色 PBL 项目式混合课程"的创新教学实践路径。

问题 2 参加示范课堂活动的感受

这次参加首批示范课堂的评选，我在赛前进一步梳理了课程的教学内容，对原有课堂设计进行了升级。结合上海进博会的背景，开展与课堂相关知识点的线上讨论，并选择服务乡村振兴的学生项目开展教学；把课程思政贯彻课堂；在教学方法上也进行了翻转课堂、学生互动和团队讨论的设计，加大了学生课堂数据的收集，提高了对课堂的把控能力，为下一次课堂准备积累了经验。

在后续教学展示的交流活动中，听取了多校优秀教师的云端经验分享和课堂展示，对我今后继续开展教学实践提供了许多思路。比如，对课程过程性评价的交叉设计、知识图谱式的教学设计等。同时，能把自己的课堂设计分享给教师同行，也是对自己多年教学的肯定，将更加激发我投入课堂实践研究。

问题 3 课程的创新性和示范性

首先，在课程中能够紧跟行业发展的趋势和岗位的需求来动态调整课程内容与资源、信息平台与工具。同时，我们捕捉思政热点问题，将贯彻和宣传乡村振兴等国家政策融入各个教学环节，营造沉浸式的育人环境，潜移默化地培养学生的责任意识和探究精神。

其次，课程对标 FD-QM 标准，规范化开展线上线下混合式教学。基于 PBL 项目实施电子商务系统四大阶段的文档实验，并赋予团队项目需求，承接和验收不同角色，共同完善并迭代升级项目的需求。提高学生解决实际问题的能力,挖掘高质量完成课程要求的探究能力。

再次,在课程考核上,我们采用多种评价方式,评价人员从教师到学生,从团队到个人,从网络到项目。个性化地合理满足不同考核需求,通过达成度分析持续改进问题、保障教学质量。

最后,课程联动技术开发类前后的课程群,真正推动团队项目的落地。并结合电商运营和数据分析方向的学生特长,挖掘项目的社会服务价值和商业价值,来开展创新创业活动。让学生走出学习,走出课堂,学以致用。进而反哺教学,促进课程开展、教学创新、实践探索。

从示范性来说,通过这次面向各高校的课堂展示,可以有机会与同行们交流自己在教学过程中的一些理念,收获教师们的中肯建议。目前,我们也正在做在线课程的推广,希望能够向更多的师生输出课程。

请扫码观看
潘海兰的访谈

"电子商务系统分析与设计方法" 课堂教学设计

一、课程名称

电子商务系统分析与设计方法

二、课堂章节题目

电子商务系统逻辑模型分析

三、课堂简要内容

(1) 讨论进博会黑科技和小应用帖。
(2) 用例图知识点回顾及测试系统逻辑模型。
(3) 精讲学生项目逻辑模型存在的问题,选取民宿模块的用户端和管理端进行重构讲解。
(4) 拓展项目特色功能,开展小组绘图练习。

四、教学目标

(1) 知识目标:掌握用例图定义和如何确定四大关系的方法,能应用转换知识解决实际项目需求。
(2) 能力目标:掌握线上线下沟通表达手段的不同,具备与团队合作分析和绘制电商系统通用逻辑模型的能力。

(3) 思政目标:关注新应用、新技术与乡村振兴战略,并能结合进行电商系统逻辑模型功能升级,具有服务社会理念,具备探究精神和创新意识。

五、教学理念与策略

1. 学情分析

(1) 学生以文科居多,逻辑思维能力较差,但有编程基础。

(2) 学生分组已完成各自项目逻辑模型二次修改,目前问题集中在用例内容和用例关系的确定还比较混乱。

2. 教学理念

开展基于 PBL 项目制的课堂教学方法,将用例及其关系的理论知识与团队综合项目逻辑模型分析相结合开展实践教学。另一方面,为确保课堂参与度高,选择学生较为熟悉的项目功能为依托,把相对独立的知识点通过项目综合应用来串联,从而提高学生学习兴趣,增强动手能力,进而巩固知识点、活用知识点,完成课堂目标的达成度。

3. 教学策略

(1) 团队项目贯穿课堂,并且从需求、承接和验收多角色审视项目,提高学生对项目的全方位思考,有利于提高项目的可用度。

(2) 课程思政进课堂。结合进博会黑科技进行项目升级,提高学生创新意识;选取学生团队的"南汇大团乡村振兴项目"作为案例切入,自然融入服务国家战略的意识。

(3) 线上线下混合开展问答、测试、抢答和分组练习等课堂教学手段,注重提高学生文档和信息化能力、语言表达能力和团队协作能力,在让更多学生参与课堂的同时,也能记录学生课堂学习数据,为过程化考核提供依据。

六、教学实施过程

实施过程
课前准备资料: (1) 本次课堂课件 PPT。 (2) 论坛讨论帖 2 个(与进博会相关)、团队项目逻辑模型初次修改稿。 (3) 课堂互动活动设计共 6 个("2 个讨论帖+1 个随堂练习+1 个分组任务+2 个抢答"),保存在"活动"里,课上发放。 (4) 学生展示项目需求 PPT。 将以上资料提前上传网络教学平台,通知学生预习。
课堂设计: (1) (5 分钟)课前网络帖讨论(关于团队项目,结合进博会应用和黑科技)。 (2) (5 分钟)回顾知识点和问题(4 种关联的用法、关联关系互动题、已绘制逻辑模型的共性问题)。 (3) (5 分钟)从需求方角色展示项目需求(学生展示"金大团"乡村振兴服务平台需求)。 (4) (12 分钟)从承接方角色分析用户前端购买流程(师生共同分析绘制用例图,使用网络协作制图软件)。 (5) (5 分钟)从承接方角色简要讨论管理员后端管理流程和用户后端管理流程存在的问题和修改思路。 (6) (10 分钟)从验收方角色提出用户特殊需求,并开展用例图分组练习。 (7) (3 分钟)课堂总结及作业布置。

(续表)

课堂实录分布情况表		
时间线	教学活动类别	教学内容说明
00:00—01:20	【师讲】	(1) 阐述本课堂内容总览。 (2) 引入进博会课前讨论帖。 课程思政融入：进博会成功举办体现我国的大国担当，增强学生对社会主义制度优越性的认同感和祖国强大的自豪感。
01:20—03:40	【师生互动】+【学习通：论坛】+【学习通：回答问题抢答】	(1) 对进博会应用帖中特殊应用邀请学生讲述详情，选取文创馆和志愿者防疫应用。 潘海兰 11-07 12:33 请大家查看进博会官网的各个板块，说明自己对官网的看法，比如 1、哪些板块保证了展会的正常有序开展，有什么特点？ 2、哪些板块功能不足，还需要改进，可以增加哪些服务？ 3、数字会展与线下会展的不同感官？（进博会志愿者） 4、"6天+365天"一站式交易服务平台的优劣讨论？ ...... 进博会官网——https://www.ciie.org/zbh/index.html "6天+365天"一站式交易服务平台——https://www.e-ciie.com/ (2) 回答问题，学生课后补抢答记录课堂数据（由于网络不佳，所有课堂活动均课前发放）。 上课回答问题1 抢答
03:40—06:30	【师讲】+【学习通：论坛】	根据课前进博会黑科技帖，教师挑选部分技术进行介绍。 潘海兰 11-05 22:51 进博会的黑科技讨论帖
06:30—08:45	【师讲】+【学习通：论坛】+【生答】	(1) 发放讨论帖，布置学生讨论哪些黑科技适合小组承接项目来扩展特色功能？ 潘海兰 11-16 12:11 进博会的热门黑科技： 1、元宇宙——协同办公的体验 2、心魔镜——网络识别健康状态 3、乐龄助手耳环——靶向神经窗节机制，通过精准生物电信号到窗正中神经 4、电子减盐餐具——通过电流激发在舌头上的微型电脉来提高味觉 5、脑电波定制香水——个性化香水调香，基于脑电波原理、多传感器的头戴式装置 6、Pepper点餐机器人——接受顾客的自动下单服务，并且能够给顾客提供一些点餐的建议和优惠推荐 脑洞一下以上是否有适合你们小组承接的项目来扩展功能的？ (2) 选取2组学生代表，回答黑科技如何改造项目功能，其他组别回复讨论帖。 课程思政融入：思考新技术对电商未来的变革，促进学生追求创新、进步的信念，进一步强化专业知识的反思能力。
08:45—14:00	【师讲】	回顾讲解用例的确定和4种关系。
14:00—16:50	【学习通：随堂练习】+【师点评结果】	(1) 发放学生团队项目中提出的用例，来测试用例关系的确定。 关联关系 随堂练习 (2) 根据学生回答数据，讲解各题错误问题所在。

（续表）

时间线	教学活动类别	教学内容说明
14:00—16:50	【学习通：随堂练习】+【师点评结果】	
16:50—17:30	【师讲生答】	（1）展示第1组"互助平台"逻辑模型修改情况，询问小组理解情况。 （2）引出本课堂项目。
17:30—23:00	【学生汇报】+【学生回答】+【学习通：展示抢答】	（1）需求方组别PPT展示项目需求（"金大团"乡村振兴服务平台）。 （2）承接方回答目前设计模块。 思政融入：学生暑期实践克服高温、疫情困难助农，获得媒体报道，让学生获悉"乡村振兴，我们也在行动"，强化学生利用专业知识服务国家重大需求的信念。
23:00—25:00	【师讲】+【学习通：论坛】+【生答】	（1）将承接方第10组的初步逻辑模型图发放给学生找问题。

(续表)

时间线	教学活动类别	教学内容说明
23:00—25:00	【师讲】+【学习通:论坛】+【生答】	(2) 向承接方的制作者提问,其他项目组学生发现哪些问题?
25:00—37:00	【师问生答】	(1) 使用迅捷流程图软件,精讲"金大团"服务平台用户前端民宿流程(引导学生一起分析和绘制)。 学生原图 课堂绘制 (2) 引导学生对其他项目流程与民宿流程的共性进行思考,找到思路。
37:00—40:00	【师问生答】	简单讲解管理员后端管理流程和用户后端管理流程问题及修改思路
40:00—43:30	【师问生答】+【学习通:抢答】	(1) 请"金大团"项目需求方和承接方以外的组作为用户验收方,提出目前流程未满足用户需求的点,以及如何增加项目的可用性和特色吸引力。 (2) 提问2位学生。
43:30—48:30	【师生交流】+【团队讨论绘图】+【学习通:分组任务】	(1) 以小组为单位,绘制以上验收方提出需求的前端用例图,画在纸上,拍照提交。 (2) 发放学习通分组任务。 "金大团"特色功能用例图 分组任务

（续表）

时间线	教学活动类别	教学内容说明
48:30—50:00	【师讲】	（1）课堂总结。 （2）作业布置。

七、教学目标达成度分析

1. 达成度分析

教学目标	达成指标评价依据	达成情况说明	是否达成
知识目标	能发现已绘制模型的基本错误并会修改，掌握通用逻辑模型绘制。	（1）学生课堂集体回答模型问题和修改建议。 （2）民宿流程讲解完毕，学生集体答复可通用其他重要流程。	是
能力目标	学生全员参与网络课堂活动至少1次。	（1）讨论帖(58人次)。 （2）1个测试题(34人次,全员完成)。	是
能力目标	学生课堂参与线下问答，其中独立回答问题至少5人次。	（1）课堂全员回答民宿用例流程绘制过程。 （2）单独回答10人次。 （3）项目展示2人次。	是
能力目标	完成分组练习绘制用例图。	11组均完成。	是
思政目标	结合进博会展示科技思考团队项目特色，熟悉专业将全面开展"桃桃电商"乡村振兴项目。	（1）课堂发布讨论帖，所有学生课后均参与答复，并于课堂选取2个团队回答，结合进博会展示科技设计项目特色。 （2）在项目案例教学中全程融入"桃桃电商"案例。	是

2. 证明材料

（1）回帖58人次，其中黑科技结合项目帖已在课堂回答，课后所有小组均回复。

（2）课程测试练习34人次，100%全员完成。

（3）课堂回答问题，课后网络记录10人次。

（4）课堂展示PPT和项目，课后网络记录2人次。

（5）课堂分11组分组绘图练习，均完成（其中1组在下课前，10组在课后当天完成）。

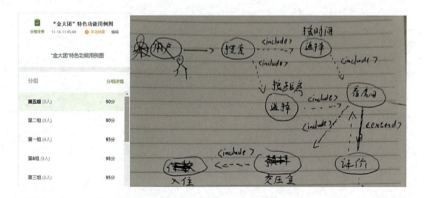

综上所述，虽然分组练习学生没有及时完成，但课后均补充完成，因此本次课堂目标全部达成。

八、教学示范意义反思

本次课堂对课程思政的融入教学紧跟社会热点，结合时事（进博会）与实践项目（"金大团"乡村振兴服务平台）自然融入课堂全过程，合理有效地将思政与本次课堂的知识点交叉，达到润物细无声的效果。

本次课堂教学中及时更新使用各类信息化工具。例如,绘图使用网络协同绘图工具迅捷,记录学习数据使用"学习通"教学平台的各类教学活动(随堂练习、抢答、分组任务、测试和论坛等)。

本次课堂基于PBL开展理论知识融入实践项目教学,并让各团队体验需求方(做什么?)、设计方(怎么做?)和验收方(做好了吗?)不同角度迭代逻辑模型的升级,进行自我否定,锻炼学生的探究能力,培养学生的创新意识。

综上所述,本课堂设计逻辑清晰,课堂目标达成情况良好,教学团队应继续加强研讨和改进,带给学生更加良好的课堂体验。

上海视觉艺术学院

学校交流

访谈嘉宾 上海视觉艺术学院教务处副处长　陈月浩

问题 1　学校课程培育的举措

我是上海视觉艺术学院教务处陈月浩。我校是一所年轻的民办艺术类本科高校,学校在培育优质课程方面采取了一系列做法。

首先,学校注重课程建设。2022年启动了课程质量全面提升工程,以线上课程建设为抓手,鼓励师生合作建设,分批次滚动提升课程质量,实现先有"高原"再有"高峰"、优质课程脱颖而出的状态。

其次,学校注重教学设计,鼓励教师在课程设计上创新探索。学校组织课程设计大赛和课程展示活动,鼓励教师设计具有独特风格和实际应用价值的课程,提高课程的吸引力和实用性。

此外,学校还注重评价、反馈。通过教学评估和学生反馈的方式,及时了解教学质量和效果,并对教师进行评估和指导。例如,学校会定期对教师进行教学评估,评估结果作为教师晋升和奖励的重要参考。

通过这些做法,学校在课程建设上取得了良好的效果。例如,学校的教学水平和教学质量得到了显著提升,学生对课程的满意度和评价也得到了明显提高。

同时,学校的教学成果和课程设计也得到了外界认可,获得了1门国家级一流本科课程、5门上海市一流本科课程、56门市级重点课程、9门市级精品课程,以及上海市教学成果奖一等奖3项、二等奖3项。

问题 2　学校提升教师教学能力的举措

在提升教师教学能力方面,我们与教师发展中心联动,鼓励教师参与各种培训和交流活动,提高教师专业素养和教学能力。学校会邀请专家进行教育教学研讨,组织优秀教师进行教学示范,安排教师参加各种学科培训,提高教师的学科知识和教学技能。

我们鼓励教师积极开展课程设计和教学改革,不断创新教学方法和手段。学校和学院组织教师开展教学探究活动,激励教师探索新的课堂教学模式和方法。我们还通过教学评估和教学质量监控的方式,对教师的教学进行管理和指导。

例如,学校根据对教师的教学考核和评价的结果,给教师安排个性化的指导和培训。近

5年来,学校的教师教学能力得到了显著的提升,教学质量和教学效果也有了明显的改善,培养了一批优秀的教师。学校共有课程思政示范名师1名、课程思政示范团队2个、育才奖4人,宝钢奖3人。

请扫码观看
陈月浩的访谈

教师访谈及教学设计

访谈嘉宾 上海视觉艺术学院 王红江
访谈内容 "综合室内设计(二)"

问题 1　课程介绍

我们这门课叫"综合室内设计(二)",我是上海视觉艺术学院王红江老师。这门课程是设计类大三环境设计专业的一门主干课,贯穿整个学期,有 7 个学分,是一个项目的课程。这门课主要学习的内容是疗愈环境设计,即与人的身心有关的疗愈环境设计。这门课荣幸地被评为第一批国家一流课程,也入选了 2022 年上海课程思政示范课程,它是我们特别重要的一门课程。

问题 2　参加示范课堂活动的感受

很荣幸能够入选第一批示范课,也很高兴能够参加这样的交流活动。我看到了很多优秀的课程和课程团队教师的介绍,学到了很多。因为我也是负责教学管理的副院长,我之前在自己学院也组织过类似的一些学习,所以想把这些经验带回自己学院。

问题 3　课程的创新性和示范性

我想谈一谈这门课程的创新性和引领性的特色。我们这门课是疗愈空间,总结一下它有两个特色。

第一是把生命教育和设计教育结合在一起,实际上是一种润物细无声的课程思政。这门课程非常强调带着爱去做设计,因为我们觉得要做一个打动别人的、有爱心、有温度的疗愈空间,设计师首先是要有温度的。

举例说明,这学期我带着这门课走出校园,前半段去了儿科医院,为新生儿和康复科做空间设计,我们做的都是真题;到下半学期,我带着学生去了松江中山街道的卫生服务中心,去做临终关怀病房的设计。学生们一开始体会到生命的到来,最后又目睹了生命的离去,这是一个非常有教育意义的过程。他们对生命的认识也会有很大的改变,包括有些学生觉得有一些压力、烦恼,可能在这些面前就已经微不足道,我觉得这是很重要的一块。以前我们也做过儿科医院、儿童医学中心的 ICU 病房设计,还有手术等候区的设计,学生都是到现场去实地调研,走出校园的象牙塔,走入社会。我们也有一些落地的项目,比如,儿童医学中心有一个手术等候区就落地了,还有市中医院等,学生也得到很大的锻炼。一方面是知识的锻炼,另外一个就是这种带着责任感、爱心做的设计是更有温度的设计。

第二个特点就是线上线下融合。如前所述,这是第一批线上线下融合的国家一流课程,我们是如何做到让学生大部分时间在做实际的项目和调研、访谈、走进社会的?学生会用一点时间去课堂听一些讲座,但比较少,他们更多的时间是通过超星线上平台学习,根据需要学习,在"用中学、学中用"。我们有一个很详细的课程知识体系,已经积累了8年,学生们也是一种自主学习。

我觉得主要是如上两个特点,第一个是生命教育和设计教育融合的课程思政,第二个是线上线下的融合。

请扫码观看
王红江的访谈

"综合室内设计(二)" 课堂教学设计

45 分钟教学设计方案

 节选章节

"综合室内设计(二)"结课汇报环节

环节	时间节点	简要内容	教学方式	教学目标
1	1~30 分钟	本学期课程总结:重点总结本课的内容完成情况(线上线下混合式教学方式),强调带着爱心去设计的重要意义。	主讲教师集中授课模式;互动提问环节:请2位学生参与。	梳理本课程知识要点,通过回顾课程主要环节,巩固学生学到的知识和技能。
2	31~38 分钟	"薏苡养老院"小组大作业汇报。	3 位学生上台汇报,使用弧形大屏幕。	培养学生的方案综合汇报能力,培养团队合作精神。
3	39~41 分钟	连线本课程共建外教——奥克兰理工设计学院院长米高教授。	ZOOM 会议连线。	通过高水平外教联合教学,拓展学生国际视野,提高课程高阶性。
4	42~46 分钟	范希嘉、黄维达、章汶婕 3 位课程团队教师点评。	现场集中点评互动。	通过教学团队集体点评,让学生接受更多信息反馈,得到不同启发。

二、教学理念与策略

通过面向真实课题的 PBL 课程学习,感受学以致用的实战氛围和价值实现,让学生始终保有"为人民福祉而设计"的学习动机。在教学策略上坚持线上线下融合模式,线下多为调研、讨论和设计环节,相关配套知识点放在线上作为延伸阅读,对反转课程做了有益探索。

三、教学目标达成度分析

本项目制课程强调实践育人,培养有爱心的设计师是课程最大的目的。从学生在超星平台的留言反馈可以看出,学生在项目调研和实践过程中感受到了爱心对设计师的重要意义。课程设计始终贯彻高校立德树人、全程育人方针,坚持专业能力提升和思想品德提升双轮驱动,不空洞说教,侧重在项目实践中融合价值塑造、知识传授和能力培养,让学生真正领悟和内化掌握。作品完成度较高,目标达成度好!

四、课堂示范意义反思

应用型设计学科的专业教学不同于知识传授型课堂,本课堂示范力图通过半小时的结课总结,呈现本课程改革的新思路。同时,通过结合1个小组汇报的实际案例以及点评环节,来展示如何提高设计学科专业教学的课堂容量,以及如何变单向知识传授为双向互动。受限于学生的英语口语能力,学生和外教的交流还不够,生生互评环节也有待进一步加强。

附件1　2021—2022学年第一学期教务系统截图

附件2　教学日历和教学大纲

2021—2022学年第1学期
课　　程:综合室内设计(二)
学分/学时　　　4/72
学　　院　视觉德稻设计学院
专　　业　室内设计(中本)
年　级　班　2018级大三
教　　室　　　314
课外辅导(答疑)时间、地点　　周三下午1:30—4:30

时数	总时数	讲课	习题	调研	考试	考查
教学计划时数	72	16	56			
课外时数	54		36	18		√

周次	讲课时数	实践时数	教学进程安排	必读书籍和参考书籍(章、节)
			教学内容(分章、题目名称和大型作业)名称	
第10周 周五		8	综合室内设计1成果汇报:泗泾医院儿科交互叙事空间及家具设计;每人8分钟,师生点评5分钟 参与点评老师:王红江,米高 课外作业:文献检索(关键词:康养,空间设计,趋势) 时间:8:15—11:30AM,13:45—16:30PM Homework: Literature retrieval (key words: healthcare, aged, space design, trend) 预先安排的 Zoom 会议 主题:Integrated Interior Design1 final proposal 时间:2020年11月13日8:15AM,北京,上海 Zoom 会议: https://zoom.us/j/99452778618?pwd=YzdVVnUyR1ltUnE1VENSbkNGV0xvQT09 会议 ID:99452778618 密码:206143 课程思政要点:总结课程中对儿童友好型设计的理解	推荐周燕珉工作室微信公众号 自学超星线上课程1.2节
第11周 周五	4	4	讲课:康养空间设计的背景和内容概述 上午1~2节:第一讲 适老化社区和景观设计 下午1~2节:第二讲 适老化设计的世界趋势(米高) 课堂交流: 上午3~4节:文献阅读推荐会——康养空间设计趋势分析和案例分析 下午3~4节:分组讨论——确定小组设计对象和设计重点 分组:27人抽签分为9组,确定组员和小组长 课外作业: 13:50PM 徒手草图:每个人制作自己负责区域的平面图、顶面图和剖立面图,要求用拷贝纸全徒手制作,比例正确 课程思政要点:深度访谈自己的爷爷、奶奶和外公、外婆,理解亲情对老人的重要性	周燕珉主编《老年住宅》 自学超星线上课程2.1和2.2节
第12周 周五	4	4	讲课:综合室内初步设计技巧和方法 上午1~2节:第一讲 初步设计如何开始? 　　　　　　 第二讲 如何用草透视表达设计概念? 下午1~2节:国外养老院设计新概念(米高) 课堂交流: 上午3~4节:个人徒手平立剖图纸分享和交流 下午3~4节:分组讨论——下一步小组设计分工和协作计划 课程思政要点:观看电影《飞越老人院》并发表影评,理解老年人真正需要的是什么	周燕珉主编《国外养老服务设施建设发展经验研究》 自学超星线上课程6.1.3节

(续表)

周次	讲课时数	实践时数	教学进程安排 教学内容(分章、题目名称和大型作业)名称	必读书籍和参考书籍(章、节)
第13周周五	0	8	上午:初步设计小组研讨 下午:小组初步设计交流展示,内容包括设计前期调研、小组设计定位、前期初步设计成果;每组汇报10分钟、交流10分钟 辅导人:王红江、米高 课外作业:继续深化方案设计	周燕珉主编《适老社区环境营造图集》
第14周周五	4	4	讲课:综合室内深化设计技巧和方法 上午1~2节:第一讲　CAD技术图纸基本规范和制作技巧 上午3~4节:第二讲　Sketch up 进阶技巧 课堂交流: 下午1~4节:个人深化设计答疑辅导,每人6分钟 辅导人:王红江、米高 课外作业:继续深化方案设计	自学超星线上课程6.1.4节
第15周周五	0	8	上午1~4节:深化设计小组研讨 下午1~4节:深化设计交流展示,内容包括设计效果图和平立剖技术图纸;每组汇报10分钟,交流10分钟 辅导人:王红江、米高 课外作业:继续深化方案设计	自学超星线上课程6.2节
第16周周二	4	4	讲课:设计综合表达技巧和方法 上午1~2节:汇报文本和版面制作技巧 上午3~4节:视频制作技巧 课堂交流: 下午1~4节:个人深化设计答疑辅导,每人6分钟 辅导人:王红江、米高 课外作业:方案最终表达	自学超星线上课程6.2节
第17周周五	0	8	在线辅导答疑:王红江	元旦放假
第18周周五	0	8	作业综合展览和点评 参与点评老师:王红江,米高,范希嘉,章汶捷,黄维达 课程负责人30分钟课程总结 每组汇报10分钟,交流10分钟 汇报方式:426弧形大屏幕汇报 课程思政要点:回顾学期课程,让学生理解"带着爱心去设计"的深刻内涵。	

(续表)

周次	教学进程安排			
	讲课时数	实践时数	教学内容(分章、题目名称和大型作业)名称	必读书籍和参考书籍(章、节)
备注				

学生须知:

(1) 上课不得迟到早退,不得旷课;出勤率不足该课程总课时 2/3 者不得参加期末考核,考核性质按"无考试资格"处理;迟到 3 次按缺课 1 次处理;请事假、病假者需持有辅导员批准的正式请假条提前请假。

(2) 平时作业必须按照教学计划安排,按时按量完成,不得拖延;平时作业成绩按一定百分比计入总分。

(3) 结课大作业晚交或不交,均按缺考处理。

(4) 教学日历一式 2 份,一份留存教师本人,一份送开课学院,电子版同时上传教务管理系统。

上海师范大学天华学院

学校交流

访谈嘉宾 上海师范大学天华学院教务处常务副处长 徐 振

问题1 学校课程培育的举措

我是上海师范大学天华学院教务处徐振。从2015年9月起,我校通过深挖课堂问题根源、研发活力教学模型、分批开展课程试点、创新评价激励机制、打造智慧教学环境等一系列举措,在全校范围内打响了一场活力课堂教学改革的攻坚战。

活力课堂教学改革瞄准学生没能充分忙起来、课堂不能充分火起来、教学未能充分热起来的三大问题。针对这些问题,自2016年起校活力课堂教学改革工作小组组织骨干教师团队向学生求现状和期盼、向理论文献求经验和解答、向优秀典型求案例分享,研制并不断丰富适合应用型高校校情、学情的教学模型。

2016年9月,首批30门活力课堂试点课程隆重开课,近2 000名学生走入课堂,率先体验了全新的授课形式。至2023年全校以每学期30~40门课程的推进进度,持续开展了7批次课程改革试点,建成了近240门特色鲜明、效果显著的活力课程,覆盖各种课程类型,参与教改的教师包括学科带头人、教学名师、骨干教师和初任教师等各个群体。在学校董事会和党政各级各部门7年磨一剑的共同努力下,举全校之力研究课堂、创新教法、推动课堂革命,让天华的课堂焕发出不竭的生命活力。长期以来,天华学院课堂枯燥、呆板的通病得到了有效的治愈。

自2016年以来,学校获得省级及以上课程和教改项目的数量和质量明显提升,至2023年共摘得"双万计划"国家级一流本科课程2门,获评省级一流本科课程11门、市重点课程37门、示范性全英语课程4门、高校优质混合式在线课程示范案例1门、本科重点教改项目5项。同时,教师摘得上海高校青年教师教学竞赛一等奖2项、二等奖4项、三等奖10项,获得上海高校教师教学创新大赛一等奖3项、二等奖1项,上海高校青年教师课程思政教学案例展演活动特等奖,省部级以上教学竞赛奖励60余项,充分凸显了活力课堂教学改革的成效。2022年共有6项教学成果荣获上海市优秀教学成果一等奖或二等奖。

问题2 学校提升教师教学能力的举措

为了激发广大教师参与活力课堂教学改革的积极性,学校主动创造条件,实施了五环衔接的教师发展激励。具体举措包括:对入选教改试点课程的教师给予课程研发启动费用;对在示范观摩课环节评为优秀的教师,参照校级教师教学竞赛获奖标准给予奖励;对通过在线课程建设评价和教改论文达标评价的教师,该门课程工作量系数认定为1.3,评定为"星级教师"。将活力课堂作为质量工程项目孵化一流课程和教学名师的必经之路,同时成为教师重点性调资的新指标,体现在教师薪酬体系中。至2023年4月已有3批次、共计68位教师获得了活力课堂"星级教师"称号。同时,学校依托校级教学名师评审组建校内讲师团,教学名师对接多种类、多层次、有针对性地满足学校特色发展需求的教师发展项目,如名师工作坊聚焦教学能力提升、博士沙龙聚焦学术研究交流、教工课堂面向教职工开设专题活动、师德讲坛聚焦教师师德建设以及课程思政论坛。这些精心设计的教师发展活动,推进了我校师德建设与教师教学发展。

请扫码观看
徐振的访谈

教师访谈及教学设计

访谈嘉宾 上海师范大学天华学院 滕 薇
访谈内容 "早期阅读与指导"

问题1 课程介绍

我是上海师范大学天华学院的滕薇,这次带来交流的课程是学前教育专业的一门专业课"早期阅读与指导"。这门课是学前教育本科生从理论学习转向实践教学的一门枢纽性综合实践课。在学习这门课之前,学生已经完成了几乎全部教师教育、课程教学方面理论课的学习,即将进入专业实习和毕业设计环节。

这门课的学习内容包括"知阅读"、"懂孩子"、"会教学"3个部分,就是研究早期阅读的现象、阅读和分析儿童绘本、探索和积累用绘本组织幼儿学习活动的方式和方法。在这门课的学习中,大学生朋友品味精品绘本,理解儿童的发展特点和心理需求,在理解作品的过程中优化教育观、儿童观,从而更懂孩子、学会教学。到了幼儿园教师岗位,就可以更好地引领幼儿的学习和发展,成为懂孩子、会教学、能反思的好老师。

问题2 参加示范课堂活动的感受

参加上海高校示范性本科课堂,对我本人和我们的教学团队都是一件非常荣幸的事情。参加示范交流的过程,给了我们机会去关注其他的示范课程,有了很多向其他高校名师学习、取经的机会,看到了很多精品课程的教学示范,领略了很多名师的教学风采,这是一个非常好的学习机会。

做示范交流又能敦促我们思考课程建设的经验,总结这门课可以示范的亮点在哪里,有什么可以拿出来和同类高校、同类专业的教师交流。这是一个方法论的思考过程,跳出了以往我们对课程内容本身的聚焦,可以从课程建设的意义和方法上去思考这个过程,这对我们是极好的锻炼和提升。

问题3 课程的创新性和示范性

我们的"早期阅读与指导"是为了解决人才培养中的一个难题而建设的课程,主要是要让童年没有读过绘本的幼儿园教师有丰富的绘本阅读经验的积累,在这个过程中完成实践教学能力的发展,成为一名好的幼儿园教师。

这门课的设置本身就是一个创新。同专业大部分只是在儿童文学课程中涉及绘本的讨论,而我们在此基础上专题研究和应用绘本。这是一门新课程,体现了我们对一线幼儿园教师业务内容的关注和回应。

第二个创新就是教学组织方法的创新。我们实行多师联合教学,校内组织跨课程的联合教研,实现了教学团队的融合性教学。校外和幼儿园合作,请行业名师进课堂,示范和分享教学,实现了产学融合的本科课堂。这一教学方式促进了伙伴型建构学习的发生,拓宽了学习的维度和深度。

第三个创新就是教学环境的创新。建设校内情景体验式的绘本馆,促成了即兴的研讨。把幼儿园的孩子请到大学绘本馆,促成了大学生对幼儿和幼儿阅读的研究。建设网络课程资源,拓宽了师生交流的渠道和信息量,增加了课程的深度和宽度。

这些探索本身呈现了天华学院活力课堂的建设,同时为其他同专业和同类应用本科课程建设提供了示范经验,促进了教学团队的成长和全校教学水平的共同提高。

请扫码观看
滕薇的访谈

"早期阅读与指导" 课堂教学设计

一、课程名称

早期阅读与指导

二、节选课堂章节题目

下篇　幼儿园教学实践　第五章第1节　幼儿园绘本教学活动设计

三、课堂简要内容

本节课的主题为幼儿园绘本教学活动设计,学习任务是在前节课教学方案撰写的基础上,开展教案实施的研讨,并在模拟教学中获得实践经验和反思,为下一步入园教学实习做准备。

四、教学目标

(1) 认知目标:掌握课堂教学的结构和节奏,根据儿童的认知发展水平选择合适的绘本。

(2) 情感目标:在阅读中观察和回应儿童的阅读兴趣和情感表达,体验"以儿童为中心"的教学思想。

(3) 能力目标:在实施教学过程中能灵活应变,以儿童为中心组织合适的阅读活动。

五、教学理念与策略

本节课的重点和难点是从理论知识到实践能力的转换。本节课贯彻"做中学,做中研"的教学组织原则,让学生通过自主设计、课堂教研、课后修改教学方案的反复思考和研讨过程,获得备课、教研和反思的经验。基于产学协同的专业理念,实行双师教学,由理论教师和行业教师共同带领学生准备入园前的教学实践方案,创造真实的教研环境、教学任务,培养综合教学思维和方法,提高学生的教学能力。在教学中体现了理实一体、产学融合、伙伴式研讨反思的建构主义教学理念,以及"以学生为中心、以产出为导向"的师范生培养原则。

六、教学实施过程

以时间线整理的教学实施过程如下表所示。

时间	教学活动环节	学习内容
0:00—2:30	活动1 课程活动导入	章节导入
2:30—10:55	活动2 课前任务的回顾与归纳	实践教学的思想准备
10:55—18:45	活动3 小组活动	小、中、大班的选书研讨
18:45—28:30	活动4 小组课堂示范	体验与观摩,从方案准备到实践模拟
30:30—43:15	活动5 反思与评价	自我反思,同伴点评,行业导师评价
42:00—46:00	活动6 总结与任务布置	课后作业:做好入幼儿园实践的教学准备

七、教学目标达成度分析

本节课基本按计划完成设定教学目标。

学生从设计教案到实施教学,面对的挑战是不清楚不同年龄段的幼儿阅读发展水平,不一定能选对合适的绘本。更大的困惑在于难以放下表演性教学的心态,容易忽视幼儿的阅读反应,急于"教"幼儿一些知识,忘记"听"和"看"幼儿的反应。

以上难点都在教师预计的难度范围内,通过行业教师的点评和分享,有一定程度的改善。但是,还需要通过更多的实践教学积累经验,提高"以儿童为中心"的阅读活动组织意识。

八、教学示范意义反思

本节课的示范价值在于以下4个方面。

(1)揭示绘本在师范生培养中的综合材料价值,唤起更多教育专业教师关注幼儿园一线的教学环境,从现象和问题入手,组织教育教学活动。

(2)示范"做中学"、研讨性反思的课堂组织方法,体现"以学生为中心"的课堂教学原则在师范生培养中的价值。

(3)示范双导师合作的教学方法,探索行业导师进课堂的教学模式,贯彻"以产出为导向"的师范生培养原则。

(4)从课程建设的角度,这门课更适合在实习阶段边做边研究,但是,受限于具体的教学安排,课程的实践时间还不够理想。今后期望能通过更深度的产学研合作,以产学融合的方式优化教学,提高教学效果。

上海公安学院

学校交流

访谈嘉宾　上海公安学院教务处师资发展科科长　徐　杰

问题　学校课程培育的举措

上海公安学院是上海唯一一所培养高素质应用型警务人才的公安高等院校。近年来，学校聚焦特色应用技术型公安本科的办学定位，持续深化教学改革，以校局合作育人为抓手，加强学院的内涵建设。为了高质量地服务于行业，我们的人才培养、课程开发始终与行业保持同频共振。今天，我很有幸进行示范课程经验分享，我校的具体做法可以概括为4个字——"三化一型"。

一是课程内容的实战化。为了更好地培养新时代的警务人才、适应行业的需求，适时地调整人才培养方案，这倒逼着我们对课程进行迭代更新。按照"金课"的建设要求，结合实战导向、任务导向和问题导向，联合行业，将实战的新战法、新成果和新流程引入我们的课堂，共同开发公安特色"金课"。

二是教学手段的智慧化。学院于2019年深入推进智慧教学的改革，这既是提升教学水平的有效途径，也是学院升级发展的必由之路。在此期间，学院大力投入智慧硬件建设，改造了70余间5G智慧教室，引入了互联网和公安局域网，真正将公安实战系统引入到课堂中。在软件建设上，我们加大了智慧型教室的建设力度，通过理念更新、技术手段升级、平台支撑，有效提升教师信息素养。教师通过整合公安实战应用系统和各类网络资源，深化智慧赋能和教学互动，形成了"线上＋线下、前沿＋后伸"齐推进的课程体系建设。学院连续3年在高校分类评价中，效益评价排在了17所应用型本科院校中的第一位。

三是教学方法的项目化。学院在推进教学改革的步伐中，尤其注重项目化教学的改革。从教学目标、教学内容和课程思政3个方面入手，以项目任务的教学方法重构课程体系。将传统的单项灌输式教学，升级为以学生为中心的翻转课堂，进而培养学生的高阶思维能力，促进学生在获取知识和技能的同时，掌握实践经验，构建理论基础厚实、应用实践导向、理论实践融合的课程新范式。

四是师资建设的双师型。一是实行教官制，每年我们会从基层引入一批行业专家和业务骨干来充实我们的教师队伍，打通了行业与学院的引才渠道；二是坚持"三必到"的要求，将所有的新晋教师必到基层、专业教师3年必到基层、随事随案必到基层的践习形式结合案例教学,对专业课进行升级改造,与行业联合组建教学团队,共同研发实战课程,从而实现了实战与教学的无缝衔接。

以上就是我们学院有关课程建设的具体做法,如有不当之处,请批评指正,谢谢!

请扫码观看
徐杰的访谈

教师访谈及教学设计

访谈嘉宾　上海公安学院　黄圣琦
访谈内容　"视频侦查技术"

问题 1　课程介绍

"视频侦查技术"的本质是依托海量布设的监控设备，获取图像情报进行分析，从而实现公安机关打击破案、维护社会治安、优化社会管理的目的。

问题 2　参加示范课堂活动的感受

我作为公安学院的教师代表，参加了首次上海高校示范性本科课堂教学展示活动并且能够入围，感到非常荣幸。上海公安学院是一所新晋的本科院校，参加本次展示活动，我们客观地将这门课程的教学活动进行了还原。能够入围，说明我们之前教学创新改革的方向是正确的。

问题 3　课程的创新性和示范性

在数字化背景下，高校教学创新改革已经迫在眉睫。我们作为教师，站在讲台上面对的是 20 多岁的本科生，他们是互联网上的原住民；而我这位教师已经 40 多岁，可能只能算是互联网的"移民"。怎样才能引发学生的关注，让学生在课程的学习过程中发挥出主体的作用，是我们必须要考虑的。在现代背景下，现代技术不断发展，学生所掌握的能力不能停留在简单的死记硬背，因此我们的教学创新改革迫在眉睫。

与传统教学相比较，我认为作为一名教师，我们现在应该产生一种迫切感，并且将自己的身份进行角色转换。我们不能再是传统的知识传授者，而应该是课堂活动的组织者、教学资源的整合者、教学活动的牵引者、教学背景的创设者，让学生在我们营造的真实的教学环境中有压力地开展学习，让学生在现实与互联网交汇的学习环境中真正发挥学生的主体作用。教学创新不仅是课程内容，更多地在于教学模式与教学方法。传统的讲授式或填鸭式教学所关注的往往是机械的知识技能，而我们现在的岗位需要学生具备综合应用能力，并且具有较为扎实的综合应用技能。所以，我们必须发挥学生的主观能动性。

在教学展示中，我应用到了杜威教学法，这只是一个尝试。接下来，我们会使用更多适应于公安院校以及同类职业院校能够广泛应用的新的教学方法，让学生在课堂学习乃至于课外学习过程中，激发出广泛的兴趣。兴趣才是学生学习最好的老师，才能够引导学生贯穿整个学习过程，让他们主动去学习知识、掌握技能，在完成课堂任务的过程中，形成自己的综合应用能力。

同时，发挥互联网智慧教学的优势，全过程地对学生的学习情况进行评价与记录，并且

实时地给予他们正向的反馈。让学生在学习过程当中有获得感和满足感,这样他们才能够越学越有劲、越学越有兴趣,才能够适应现代社会对于我们岗位从业人员的特殊要求,掌握真正的综合应用能力和专业素养。

请扫码观看
黄圣琦的访谈

"视频侦查技术" 课堂教学设计表

首页					
主讲教师	黄圣琦	系(部)	侦查	教研室	侦查
职称	讲师	学历	大学	课程性质	选修
课程代码	101007	学分	2	总学时	32
单元名称	图像轨迹还原			课时	2
教材与参考书	《视频侦查技术》、《视频图像侦查》、《视频侦查教程》				
授课进度	第 14 周 总第 27 和 28 节		授课对象	本科 侦查学专业	
教学目标	1. 知识目标 (1) 从出发点图像获取有效信息。 (2) 嫌疑人图像特征分析。 (3) 嫌疑人移动方向分析。 (4) 嫌疑人移动方式及速度分析。 (5) 确定追踪顺序的方法。 2. 能力目标 (1) 根据探头分布的实际情况确定工作方案。 (2) 根据特定案件性质确定工作方案。 (3) 根据多个现场的关联信息确定工作方案。 (4) 寻找接合点图像的方法。 (5) 学习监控密集覆盖区域的追踪方法(以锁定进入轨迹为例)。 (6) 路口监控缺失情况下的追踪方法。 3. 素养目标 (1) 培养细致、严谨的工作作风。 (2) 培养合作的工作态度。 (3) 培养保密的工作意识。				
教学重点	(1) 学习文字线索向图像线索转化、图像线索到目标轨迹还原。 (2) 学习视频图像轨迹还原的连续性与快速性兼顾。 (3) 学习视频图像轨迹还原过程中的时间与空间要素。				
教学难点	(1) 在探头缺失、图像模糊的情况下,如何开展轨迹追踪。 (2) 目标各类反侦查、反图像行为分析。 (3) 目标生物留痕、电子留痕行为的发现及处置。				

（续表）

课程思政	（1）注重公共图像应用中隐私的保护意识。 （2）培养高压环境下的抗干扰能力、坚韧的工作意志。 （3）培养分工协作的团队精神。 （4）保密的工作意识。
智慧教学	（1）通过"嘉课堂"平台建设课程网站，上传课程阶段学习资料以及课件。 （2）结合课程教学阶段，事先将课程互动内容上传网站。 （3）通过"嘉课堂"全程评估学生训练情况，对每一个训练阶段进行及时评估反馈。
授课类型及课时分配	□理论课　■实训课　□其他（线上） 其中，理论 0 课时，实践 2 课时
教学方法	■讲授　■探究　■问答　■实验　□演示　■练习　□其他_____
教学手段	■板书　■多媒体　■模型　□实物　□标本　■音像资料 □课程网站　■其他智能 APP

课前		
教学活动	教师	学生
发布任务	（1）提前一周发布本课程训练任务：模拟涉爆案件视频侦查。 （2）要求课前完成小组分配。	根据任务要求分组并初步分工。
课前自学	（1）在"嘉课堂"开放图像轨迹跟踪相关知识点学习权限。 （2）开放感知网部分实时图像权限。	（1）课前自学。 （2）体验相关实时图像环境，提出大致工作方案。
课前检测	（1）在"嘉课堂"发布基础知识与技能测验并反馈结果。 （2）根据测验结果简单点评。	（1）参加测验并检验学习情况。 （2）修正小组工作方案并上传。
课前指导	（1）组织全班学生在"嘉课堂"开展小组方案互相点评。 （2）简单点评各组工作方案与人员分工计划。	汇总点评意见与建议，形成最终工作方案与人员分工。

教学步骤设计（课时计划）	
教学内容及重点、难点	每课时中时间分配及智慧教学设计及应用
作业点评及课程导入 （1）作业点评。 （2）课程导入：图像轨迹跟踪知识学习的目的是为了服务侦查实战。	要求学生在"嘉课堂"平台完成相关作业，并进行相关知识的复习。导入课程内容。 （5分钟）
一、介绍本次实训目的、内容以及材料准备、小组分工情况 （一）实训目的 　　提高学生合理分组、分工的水平，增强运用视频侦查的知识，结合监控点位情况，自行设计工作方案，培养在规定时间内还原目标轨迹以及在此过程中获取目标相关线索的能力。	**教学方式** 启发引导，运用"嘉课堂"互动，教师讲解，思政融入。

(续表)

教学内容及重点、难点	每课时中时间分配及智慧教学设计及应用
（二）实训内容 以一起模拟涉恐案件为背景，以秘密力量提供信息为线索，结合校内视频监控，开展目标轨迹还原实训。 （三）实训准备 （1）能够容纳实训学生人数的智慧教室1间。 （2）按照分组要求，每组配备3台用于开展视频侦查工作的电脑。 （3）开放相关视频材料局域网共享。 **思政融入** 介绍实训监控材料情况，使学生理解公民隐私保护与刑事案件侦查之间的关系。 （四）实训分组 学生自主分组，并确定每组组长、组员及各自职责，确定初步工作方案。对学生所在组的分工情况和开展视频侦查的工作计划进行互动。 学生思考后交流，在"嘉课堂"平台参与自身职责讨论，教师点评。	**教学重点** （1）视频侦查开展的分组及职责分工。 （2）视频侦查工作的目的。 **教学难点** （1）视频侦查开展的分组及职责分工。 （2）视频侦查工作的目的。 （10分钟）
二、学生实训 由各组组长至指导教师处抽取实训文字线索材料后开展实训。教师在学生实训过程中注意指导，确保实验效率。 （一）文字线索的初步研判 由各组学生根据所抽取到的文字线索所体现的目标特征在监控资料中寻找目标，待发现目标后有两次机会向指导教师确认正确与否。教师确认无误后，该组进入第二阶段实训。 **思政融入** 高压环境下的抗干扰能力，坚韧的工作意志。 （二）目标图像轨迹还原 各组学生按照事先职责安排将外勤学生安排至相应地点开展侦查工作，由内部学生和外部学生共同完成实训内容。 **知识点** 视频侦查轨迹还原的目的不是轨迹，而是目标在此过程中所留下的信息线索（包括生物物证和相关社会信息）的获取，助力侦查破案。 （三）实训中点评 暂停实训，通报各组实训情况并进行点评。 （1）注意线索的保密意识，防止手机拍照等方式造成信息外泄。 （2）各组学生之间要加强交流协作，视情并案侦查，助力侦查破案。 （四）阶段点评 确定从文字线索到图像线索转化、从图像线索到目标轨迹还原，指导教师增加目标人物身高测量和发现目标同案人的实训结果要求。 **思政融入** 加强实训各组之间的团队协作、分工合作，加强信息共享，助力侦查破案。	**教学方式** 学生实训，启发引导，运用"嘉课堂"互动，思政融入。 **教学重点** （1）文字线索向图像线索转化。 （2）图像线索向目标轨迹还原。 **教学难点** （1）从出发点图像获取有效信息。 （2）确定追踪的顺序。 （3）寻找接合点图像。 （30分钟） **教学方式** 教师点评，课堂互动，思政融入。 （3分钟）

(续表)

教学内容及重点、难点	每课时中时间分配及智慧教学设计及应用
（五）继续开展目标图像轨迹还原实训 　　学生经过课间10分钟休息后恢复视力，根据指导教师新增要求，继续开展实训，寻找目标线索信息。 　　根据学生实训情况，指导教师适时抛出新线索"马尾辫女子于中午12时前后在图示区域出现"，让学生紧急寻找该女子图像，并与之前目标信息关联。 **实训提示** 　　各组组长在应对突发线索时要合理分配任务，组员之间加强信息共享、协作。	**教学方式** 学生实训，"嘉课堂"互动。 **教学重点** （1）文字线索向图像线索转化。 （2）图像线索向目标轨迹还原。 **教学难点** （1）从出发点图像获取有效信息。 （2）确定追踪的顺序。 （3）寻找接合点图像。 （17分钟）
三、学生实训结果提交及教师点评 （一）学生实训结果提交 　　各组学生整理实训期间获得的线索信息，形成相应书面报告，在"嘉课堂"平台提交。 　　指导教师要求各组组长在讲台前进行实训结果汇报（主要围绕目标关联信息及同案人情况，特别是生物物证、社会信息、有价值的日常行为获取情况，如拨打电话等），由其他组员进行补充。 （二）教师点评 1. 图像轨迹还原实训中的参照物合理选择问题 　　请实习学生介绍如何确定目标人物身高，通过学生介绍，总结视频侦查中参照物选择的标准。 2. 图像轨迹还原实训中的信息障碍问题 　　请实训学生介绍各自的目标特征信息，通过比较，让学生发现不同实训组之间的目标存在相同或关联，加强彼此间信息共享（如并案侦查），有助于更快、更全面地进行图像轨迹还原，从而获取更多有价值的信息线索。 3. 图像轨迹还原实训中目标的特定行为价值问题 　　对于在监控图像中消失的目标行为，外勤人员要根据现场情况（可快不可慢原则），分析目标消失行为的可能性；对于监控中发现的一些日常行为，如接听电话、吐痰等行为，要主要发现并收集相关电子留痕、生物物证等。	**教学方式** 学生实训，运用"嘉课堂"互动。 （5分钟） **教学方式** 教师点评，板书，运用"嘉课堂"互动。 **教学重点** （1）视频图像轨迹还原，必须保证追踪过程的目标统一，确保"三七"原则的具体实施。 （2）视频图像追踪过程中，注意时间与空间要素。 **教学难点** （1）在探头缺失、图像模糊的情况下，如何开展轨迹追踪。 （2）目标各类反侦查、反图像行为应对。 （18分钟）
四、课后作业 　　让学生观看自己此次实训行为的监控视频，总结自己在此次实训中的工作情况，形成实训小结，在下次课前提交至"嘉课堂"平台。	（2分钟）
作业内容	
根据监控视频记录的各自的实训期间表现情况，每位学生对此次实训情况进行总结并形成实训小结，于下次课前提交至"嘉课堂"平台。	

(续表)

	课后	
教学活动	学生	教师
课堂延续	小组配合完成课中未完成的轨迹还原。 完成视频侦查工作报告。	完成批阅并点评。
课后作业	观看自己的训练视频,组员互相点评,并对照最初的工作计划、小组分工完成实训小结。	完成批阅并点评。
课后测验	完成课后测验,并根据具体反馈评估知识、技能掌握情况。	根据课程情况,发布提升难度的测验,并完成批阅。

尾页
课堂组织与教学设想(含智慧教学设计)
通过实训,使学生进一步加深对视频侦查图像轨迹还原的基本理论、方法、工作流程的认识,能够基本掌握视频侦查图像轨迹还原的基础方法与技巧,能够独立开展一些相对简单、单一的视频侦查工作,能够独立开展视频图像分析。
教学反思
授课教师实训教学掌控能力相对较强,能够由浅入深地将理论知识逐步内化至学生实训行为中,基本能确保学生掌握图像轨迹还原的知识技能。在实训中,授课教师以实战情景为基础,设计出多种符合教学需求的训练情境,确保教学训练从简单到复杂、从单一到综合,符合学生的认知发展规律。
备注

附录 1　示范性本科课堂教学案例的遴选参考标准（2022）

评价维度	评价要点
W1:教学目标达成有效度	教学目标科学、明确，符合大纲要求、学科特点和学生实际，体现知识、能力与思维要求，促进高阶能力与创新思维发展，有明确环节显示教学目标的达成有效度。
W2:教学设计创新度	强化教学设计，以提升教学效果为目的创新教学各要素，教学过程安排合理；创新考核评价内容和方式，注重形成性评价与生成性问题解决。
W3:课堂教学活跃度	课堂讲授富有吸引力，注重启发学生思考，促进学生主动学习；注重师生互动、生生互动，学生思维活跃，深度参与课堂。
W4:信息技术应用程度	体现现代信息技术与教育教学深度融合，合理有效运用现代信息技术提升教学效果；教学视频清晰、流畅，客观、真实反映教学过程常态。
W5:教学内容的深度及广度	立德树人，体现"以学为中心"的教学理念；教学内容与时俱进，有深度、广度，反映学科前沿，渗透专业思想；教学资源丰富、质量高。
W6:可示范性及推广价值	引航教学创新，具有较大的示范、推广价值。

附录2 上海高校首届教学展示交流活动总结会相关材料

上海高校首届教学展示交流活动总结会现场

会议现场1

会议现场2

课程负责人合影1

课程负责人合影2

课程负责人合影 3

上海高校首届教学展示交流活动总结会宣传片及活动花絮

请扫码观看

图书在版编目(CIP)数据

上海高校示范性本科课堂教学案例优选. 第一辑/蒋玉龙主编. —上海：复旦大学出版社，2024.4
(复旦大学课程教学改革的实践与研究／蒋玉龙主编)
ISBN 978-7-309-17384-0

Ⅰ.①上… Ⅱ.①蒋… Ⅲ.①高等学校-课堂教学-教案(教育)-汇编-上海 Ⅳ.①G642.421

中国国家版本馆 CIP 数据核字(2024)第 076711 号

上海高校示范性本科课堂教学案例优选. 第一辑
蒋玉龙　主编
责任编辑/梁　玲

复旦大学出版社有限公司出版发行
上海市国权路 579 号　邮编：200433
网址：fupnet@fudanpress.com　http：//www.fudanpress.com
门市零售：86-21-65102580　团体订购：86-21-65104505
出版部电话：86-21-65642845
上海丽佳制版印刷有限公司

开本 787 毫米×1092 毫米　1/16　印张 12.25　字数 290 千字
2024 年 4 月第 1 版第 1 次印刷

ISBN 978-7-309-17384-0/G·2589
定价：68.00 元

如有印装质量问题，请向复旦大学出版社有限公司出版部调换。
版权所有　侵权必究